いい女になるための絶対条件

ダイエットアカデミー代表
上野啓樹

宝島社

はじめに

『なりたい自分になれる！』

そういわれても「そんな、魔法みたいに簡単に、なりたい自分になれる方法があるわけがないでしょう?」と感じる方は多いと思います。

しかし、**実はすごく簡単になれるのです**。

僕はこれまでミス・ユニバース・ジャパンの候補生たちを管理・指導してきたり、福岡、東京、熊本などで「ダイエットアカデミー」を主宰していくなかで、数多くの女性たちと接する機会がありました。

彼女たちはみな、「なりたい自分像」をそれぞれ持っています。

「長年の夢を叶えたい」
「いい恋をして幸せになりたい」
「憧れのスタイルを手に入れたい」
「仕事で成功したい」
「平和な家庭を築いていきたい」

そんな彼女たちそれぞれの悩みや本音を聞いていくうちに、僕はある法則を発見しました。

それは、**人生が充実していると思える、誰もがうらやむような女性たちには、共通点がある**ということです。

その共通点とは、彼女たちはたったひとつの夢や仕事、恋といった理想を叶えているわけではないということです。

どういうことかというと、彼女たちは理想の相手と出会えて結婚したり、憧れの職業に転職できたり、長年悩んでいた病気が治ったり……といったように、ただひとつの目標を叶えるだけでなく、いくつもの夢や希望を同時に何度も叶えていっているのです。

彼女たちが生まれ変わったかのように人生が好転し出した理由が、僕にはわかるようになりました。

そこでこの本では、**みるみるうちに人生がよい方向へと動き出し、幸せをぐっと引き寄せるためのたったひとつの方法をお教えします。**

そのためには、まずはあなた自身が内側から変わらなければなりません。

内側が変わると、不思議なことにみな**7〜15キロはストンと体重が落ちます**。
さらに体重のみならず、体脂肪もみるみる減少します。便秘、冷え性、肩こり、むくみ、偏頭痛、生理痛、花粉症といった体質や体調不良も改善します。

それだけではありません。
内側が生まれ変わって、健康でベスト・コンディションな体が手に入ることで、**あなた自身に突然エンジンがかかり出すのです**。

そうすると、日々のパフォーマンスは一変します。
アクセル全開となったあなたの体は、仕事や家庭、恋愛、人間関係……など、**あなたをとり巻くすべてが、ひいては人生がガラリと変わるのです**。

そうした、まるで奇跡が起こったかのように人生が劇的に好転した女性たちを、僕は数多く見てきました。

彼女たちは、次々と仕事や恋愛などで成功をおさめ、夢や希望を叶えていきました。

今の世の中は、テレビや雑誌だけでなく、SNSなどスマートフォンからも入ってくる情報にあふれています。

そうした情報にはもちろん有益なものもありますが、間違った常識もあふれているのが実情です。

そんな今の時代だからこそ知ってほしい真実があります。

この本では、あなたの未来が必ず明るく好転する、唯一の方法を惜しげもなく詰め込みました。

この方法は、一度身につけてしまえばずーっと続けていけます。

そうすることで、男から見ても女から見ても、誰もがうらやむ女性であり続けられるのです。

自分を変えることができるのはあなただけです。

この本でお伝えすることを信じ、実践してください。

そうすれば、あなたの未来は必ず変わることを、僕がお約束いたします。

ダイエットアカデミー代表　上野啓樹

もくじ

第2章 まずは、自分を知ることから

第3章 体が思うように動かないと、人生も思う通りに動かない

第4章 「いい女」と「残念な女」はこう違う

第5章　幸せをつかむために、1歩抜きん出よう

巻末付録　ビジュアルでわかる！

第 *1* 章

あなたの悩みは、
悩み以前の問題

1 「いい女」は誰にでもなれる

「いい女」と聞くと、スリムでスタイル抜群、顔も整ったきれいな人を思い浮かべる方は多いと思います。

しかし、生物学的な現象を考えても、容姿の美しさというのは年齢を重ねるにつれ、必ず衰えていくものです。

もちろん、さまざまな方法でベスト・コンディションを長く保ったり、できるだけ美しく見せたりすることは、そうしようと意識して努めることである程度可能です。実際、日本においても、50代、60代と年を重ねてもきれいな人たちというのは、年々増えてきています。

しかし、時間を止められないのと同じで、容姿の衰え自体を止めることはできません。容姿自体は熟成するものではなくて、必ず「若い頃のほうがよかった」となるはずなのです。

しかし、「いい女」は違います。**いい女のいい女たる部分は、時間をかけて熟成されていくもの。年齢は関係ありません。**

そういう意味で、年齢や見た目を重視しすぎる人の「いい女」の定義は、僕が考えるそれとはちょっとズレてくるかもしれません。

とはいえ、そういう僕自身にも、もちろんルックス最重視、いわゆる「面食い」の時期はありました。20代の頃などは特にそれが顕著だった気がします。それ以外の面、つまり相手の内面にも目を向けられるようになったのは、30歳を過ぎてからです。

ほかの人のことを考えてみても、恋愛経験が少なくて人として未熟な人ほど、ルックスから入る傾向があるような気がします。相手の内面を重要視するようになるのは、ある程度の経験をステップとして踏み、自らの意識を変えた、気づきを得た人ではないでしょうか。最初から中身がよければビジュアルは関係ない、という「達観」した人というのは少ないのではないかなと思います。

そもそも「美人は3日で飽きる」というおなじみの言葉自体、ある程度の恋愛経験から導き出されたものですよね。

それはさておき、「美人は3日で飽きる」かもしれないですが、**「いい女」は3日では絶対に飽きませんし、相手を飽きさせません。**これこそが、「美人」と「いい女」の違いです。

3日どころか、付き合えば付き合うほどにその魅力にハマっていく、それが究極的な「いい女」だといえるでしょう。

『そんな「いい女」には私はなれない』――。

今、そう思っていませんでしたか？

選ばれた人だけが「いい女」になるわけではありません。いってみれば、**「いい女」**

には、望めば誰でもなれるのです。

ただ、残念ながら「なれない」と思った時点で、あなたは「いい女」から1歩遠ざかってしまいました。そして、そう思うことがすでに、あなたの抱えた問題でもあるのです。

本書では、知らず知らずのうちに自分の可能性を封印している、そんな〝もったいない〟人のために、ストッパーを解き放って「なりたい自分になり夢を叶える」ための秘訣をできるかぎりお伝えしていきたいと思っています。

ちなみに、優れたメソッドというのは、条件が限定されるものではないと僕は考えています。「いい女」になりたい、「いい恋愛」がしたい、「いい仕事」がしたい、「いい結婚」がしたい――。

ダイエットにも、ビジネスにも、いい女になるにも、いい恋愛をするにも、どんなことにとり組む際にも応用が効く、〝使える〟ものこそ、優れたメソッドだといえます。

2 恋や夢が思い通りに叶う女と、そうでない女の違い

僕の主宰するダイエットアカデミーでは、これまで1600人以上もの女性たちがそれぞれの目標を達成することができました。彼女たちはただ体重が減って見た目がきれいになるだけでなく、夢をたくさん叶えています。

「長年思い描いてきたサロンを開くことができた」「憧れの仕事へ転職できた」「素敵な男性と結婚することができた」……など、彼女たちが叶えた夢や自己実現の種類もさまざまです。

長くアカデミーを主宰していて、何人もの女性たちが人生を変えていく様子を見て

いくうちに、僕はあることに気がつきました。

それは、**夢を叶えた女性たちには、ある共通点が存在する**ということです。

その共通点とは何なのかというのはのちほど詳しくお話ししますが、僕は生徒さんたちから、ダイエットに関すること以外にもいろいろ相談を受けてきました。

そこで突然ですが、まずは、そのお悩みのうちのいくつかを解説していきます。

あなたにも共通するお悩みはあるでしょうか。

まずは、ほかの女性たちの思考回路を知ることで、あなたにも気づいてほしいことがあります。

ここでは僕に寄せられた相談の中から、恋愛についての5つのお悩みに答えてみたいと思います。

〈お悩みその１〉

お見合いで出会った男性と付き合い始めて半年になりますが、彼は指１本触れてこようとしません。どうやら元カノに未練があるようです。モヤモヤするものの、私のイメージに合う人なので迷っています。どうすればいいでしょうか。

この男性、同性の僕から見るとかなり不審です。「どうやら元カノに未練があるよう」とのことですが、元カノを引きずっていてそれを忘れるためにお見合いをする、というのは、女性にはあっても、一般的な成人男性では非常に少ないと思います。潜在的にはいるかもしれませんが、顕在的にはほぼ皆無だと思います。

「結婚したい人」のイメージにぴったりの男性（元カノを引きずっていること以外）を「この人だ！」「いた！」と思ってしまっただけに、相談者は諦めるのは難しいのかもしれませんが……。

男性はいつでも都合よく目の前にあるものを食べていくようなところがあるので、

基本的にはいつも準備はできています。食事に行ってメニューを選ぶときも、女性と違って男性はあまり悩まないですよね。

だから、彼が「指1本触れてこようとしない」というのは、元カノに未練があるということではないと思います。まったく連絡をとってもらえない元カノに未練がある状態を男はつくらないですし、「連絡がとれないんだったらもういいや。次、次！」となるのが一般的です。

ちなみに、「彼は新しい恋愛をする準備ができていないのかも」というのは、女性特有の考え方です。女性だったら、元カレとまったく連絡がとれない状況だけど未練がある、ということはありうるでしょう。

彼は……遊びたいだけだと思います、単純に。

お見合いで出会っているといっても、遊ぼうと思ったら、ニーズが一致しているところに行くのが一番手っ取り早いですから。魚を釣るという目的であれば、海に行くより釣り堀に行ったほうが早いのと同じ考え方です。

相談者に手を出さないのは、相談者のお姫さまチックというかロマンチックな部分をけん制している、あるいはタイミングを見ているのかもしれません。

お見合いといっても、不誠実な男性に出会うケースもままあるということです。


これは、彼にストレートに聞いてはっきりさせたほうがいいでしょう。相談者が気にしている元カノに未練があるのかを聞いた上で、自分についてどう思っているのか、はっきりさせる。それをしないために悩んでしまっているだけですから。


お見合いがかなりきっちりした紹介者、仲人のいるものであれば、その人にきちんと答えをいわないといけないから、ということを理由に、機械的に物事を進め、早く結論を出したほうがいいです。

悩んでいる時間が一番もったいないですものね。

〈お悩みその2〉
同じ職場の男性に好意を抱いています。家も比較的近くプライベートでも遊びに行ったりする仲ですが、もう1歩進むためにどうすればいいでしょうか。

食事なのか映画鑑賞なのかわかりませんが、デートは何回かされている様子のお2人です。相談者にとってこの男性は、いわゆる男友達でしょうか。そこから男女として付き合いたい、ということですね。

ところで、お悩みを相談してくる人には共通点があります。どんなことか、わかりますか？

それは、**自分がどうしたいかがはっきりしていない**、ということです。「現状が進展しない」といった目の前の「現象」にばかり注目してしまうのです。

好意が先かデートが先かはわかりませんが、とにかくこの相談者はデートをするくらいの関係性の相手に好意を持っているわけです。

でも、なかなかうまく進展しない、と思うのは自分の問題。男性から切り出さないといけないというルールなんてないわけですし、「何もいってくれない」と悩んでいるのであれば、それは自分で「男性からいうべき」とルールを勝手につくってしまっていることから生じるものです。

本当に重要なのは、**自分がどうしたいのか**、ということ。

もう1歩進みたかったら、進めばいい。つまり、「好きになったから付き合ってください」と自分から伝えればいいのです。

ストレートに聞いて、イエスかノーか、パッと決断してもらったほうが絶対いいです。

モヤモヤしてはっきりしないこんな状況も恋愛の楽しさのひとつ……といえばそうかもしれません。

しかし、それでは結局は恋に恋しているだけで、何も進展しません。もう1歩進みたいと本気で思っているのであれば、不毛な時間です。

結論を早く出すということは大事なことです。そのためにも、自分からいってしまったほうが絶対的に早いのです。

いえないのは、相談者が自分に自信がないというよりは、フラれたくない気持ちが強くなっているからかもしれません。付き合いたいから、ではなくなってしまっているのです。

「フラれたくない」というと、話がまったく変わってきてしまいます。

付き合いたいのであれば自分からどうにかしようと思いますが、フラれたくないとなると、ひたすら守りに入ってしまい行動できなくなる。能動性はゼロになります。

付き合いたいのかフラれたくないのか、フラれなければ現状のままでいいのか。そこを自分ではっきりさせるのが、大切だと思います。

〈お悩みその3〉

意中の彼に告白をしたら「ありがとう」という返事がきました。その後、どう彼に接していけばわかりません。どうすればいいでしょうか（彼の気持ちを知るためにはどのような行動が望ましいでしょうか）。


この場合、彼のいう「ありがとう」という言葉はあなたへの優しさではないでしょうか。

しかし、そこには「あなたは恋愛の対象ではない」と彼の気持ちが見え隠れしているようです。彼の本意を察し、自分からは連絡はしないのがいいでしょう。

彼だけでなく、日本の男性の多くは、本音をはっきりといわない傾向があります。彼が自分の気持ちすべてをいわないため、あなたは彼がどう思っているのかわからない、ということであれば、これも、はっきり聞くしかないです。

「『ありがとう』じゃわからないので、はっきりいってください」「彼女としてはナシってことですか」といった感じでしょうか。

もしそれに対して「考えさせてほしい」というようなことをいわれた場合は、「いつまで待てばいいですか?」と期限をはっきりさせましょう。

それを面倒くさがる、「そんなのわからない」というような相手であれば、もう付き合わないほうが賢明でしょうね。


期限を決めることが大切なのは、仕事でも同じことです。

たとえば、あなたが誰かに仕事で何かをお願いするときもそうです。

「これやっておいてくれる?」「わかりました」。そのあとは必ず、「いつまでにできる?」と期限を確認しますよね。それと一緒です。

はっきりいう、というのは、あなたにだけでなく、彼にとっても大切なことだと思いますよ。

〈お悩みその4〉
いつも立ち寄るコンビニでバイトをしている男性を好きになってしまいました。どのようにアプローチをしていけばいいでしょうか。また、アプローチを成功させるために気をつけていく点を教えてください。

ここは戦略的に、0を1に、1を2にするように、少しずつ少しずつやりとりを重ねて、信頼関係を築いていきましょう。

恋愛に失敗しがちな人にかぎって、いきなり0から10にしたい！と極端な行動に出ることがありますが、それは当たって砕けすぎです。理想だけが高い女性ほど、ちょっとしたコミュニケーションも踏まずに、いきなりどん！と高い段へ上がりたがります。

しかし、段階を飛ばすのはやはりうまいやり方とはいえないです。大事なのは、**1段ずつ段階をきちんと踏むこと。**

あなたが彼の立場だったとしましょう。アルバイトをしていて顔なじみになったお客様に、たとえば「前髪切った？」といわれたらどう思いますか？「気持ち悪！」

と思うのなら、そのお客様とはまだ信頼関係を築けてはいないということです。

今の状況がどれにあたるのかわからない、という場合は、相手の様子から、彼の立場だったらどう思うかを考えてみてください。

僕だったらとりあえず、このコンビニでできるだけ買い物をするようにして、少しずつコミュニケーションをとっていきます。

相手がレジに入っているなら、物を受けとるときに目を見て「ありがとう」をいうようにして、お店の物やサービスについてちょっと質問してみたり、「あ、おでんもう始まったんですねー」というようにさりげなくひと言話しかけてみるとか。


顔見知りになって、信頼関係が築けてきたかなと思ったら、お店に関することから個人的な質問を少し混ぜていくといいかもしれません。「この前、お休みでした？」とか、いつもはしていないマスクをしていたら「風邪ですか？」とか。

ただし後ろに人が並んでいるのに、彼と話したい、という気持ちが先に立って何がなんでも話そうとしないでくださいね。彼と彼の周囲の状況はしっかり見ましょう。

〈お悩みその5〉
元カレからの復縁の話に悩んでいます。今の彼氏も好きなのに……どうすればいいでしょうか。

相談者は、今の彼氏のことも元カレのことも、本当の意味で好きではないのではありませんか。そこに決して愛はないと思います。

こういう人は、相手ではなく、自分のことが一番好きでかわいいのです。今の彼氏のことが本当に好きだったら、元カレのことが嫌いではないとしても、別に悩まないはずです。

これはもう、復縁話に悩んでいるわけではなくて相談者はただ遊びたいだけのように思います。あっちも食べたい、こっちも食べたいって。

そもそも元カレから復縁を求められた、ということは、電話かメールか、何かしらの方法で連絡があったということ。その連絡に応対してしまっている時点で遊ぶ気まんまんですよね。

仕事などの関係があって連絡先を消去できなかった、応対したといった場合も、心のどこかで引き寄せてしまっていたと思います。連絡があったらラッキー、くらいの意識がどこかにあったのではないでしょうか。

たとえば、寿司を食べているのに焼肉が気になっているという状況と同じです。寿司を食べているときに、焼肉が目に入ったからその分お腹を空けておこうというのと一緒ですよね。

デザートは別腹とよくいいますが、実際は8割くらいでメインのほうを食べておいて、デザートの分は空けておくから別腹なのです。相談者の場合もまさにこの別腹状態です。

今の彼氏が好きなのであれば100％そちらに意識がいくはずですが、この人は元カレのことを意識する別腹を空けておける。つまり、どちらのことも大して好きではなく、自分本位なだけなのです。

3 自分を知るということの本当の意味

いかがでしたでしょうか。

この5名の女性の象徴的な恋のお悩みには、ある共通点があります。

それは、**相手の気持ちがわからないだけでなく、自分が何をどうしたいのか、わかっていない**ということです。

これは、僕が見てきた多くのダイエットをしたい女性たちと状況が非常に似ています。

そのとき僕がいつもいうのが「本当にダイエットしたいのかどうかをはっきりさせてください」ということです。

これまでの自分の考え方を変えなければ、本当の意味でのダイエットは無理なのですが、これは恋愛も同じです。

先述のお悩みもそうですが、まずやるべきなのは、自分が本当に何をしたいのかをはっきりさせる、ということ。

ダイエットをしたいけれどなかなかうまくいかない人は、「ダイエットしたいです」「痩せたいです」「きれいになりたいです」といいながら、「でも食べたいです」といいます。

僕は、自分がどうしたいのか、どうなりたいのかが具体的にわかっていない女性が多すぎると感じています。

「いつか素敵な男性と結婚したい」「もっとスリムになりたい」「お金に苦労しない生活をしたい」……。

現実がうまくいっていない女性ほど、将来像がとてもふわっとしていて、具体性に欠けたイメージしかないケースが非常に多いです。

こうした、自分の本当の理想や何をどうしたいかがわからなくなってしまっている女性の多くは、そもそも、**自分のことを知らないからこそ、現在の状況におちいっています。**

そこで、本書では、今すぐ幸せになりたいけれど、何をどうすればいいのかわからないという、**すべての女性たちがたった今から実践できる方法をお教えします。**

それは、小手先のテクニックを磨くことや、小難しい哲学のような知識を蓄えることではありません。何かを買ったりどこかへ行ったりすることではなく、あなたの毎日の生活の中で、今日から始められるものです。

ただひとつ、僕に約束してほしいのですが、この本を読むにあたって、**今の現実よりも「よくなりたい」と本気で強く思ってください。**軽い気持ちで考えていては、いつまで経っても自分のことも周りのことも見えないままで、現実は何も変わらないからです。

それでは、女性が幸せになって誰から見ても「いい女」になるためのたったひとつの絶対条件をお教えしましょう。

第 2 章

まずは、
自分を知ることから

4 運を引き寄せるためにまずするべきこと

「いい女」の特徴のひとつに、心身ともにポジティブ、つまり健康であるということがあります。ネガティブで不健康な人の近くにいても、あまりいい気分にはならないですよね。健康でポジティブな人のもとには、おのずと人が集まり、縁が広がり、運も開けてきます。

僕が主宰するダイエットアカデミーをスタートしたのも、本来の自分を自分自身で理解し、**心身を健康に保つことのできる日々の過ごし方を意識し、実践していれば、結果的に人生が自分の望む方向へとどんどん向かっていく**、ということを、みなさんに実感していただきたいと考えたからです。

アカデミーのメソッドでは、ただ痩せるだけでなく、健康になる＝美しくなるための方法を教えています。

日々の生活を自分でコントロールすることによって心身を健康な状態に保てば、毎日をベストコンディションで過ごすことができ、パフォーマンス力がぐんとアップする。それによって時間と心に余裕が生まれることで、より充実した日々を送り、体の内も外も美しく在《あ》ることが可能となるのです。

これができていることは、現代に生きるすべての女性にとって、人生を有意義なものとするための基礎だといえます。

やるべきことは、習慣にさえしてしまえばものすごく簡単にできてしまうのですが、その簡単なことを毎日行うか行わないかはあなた次第です。ただし、簡単＝楽（ラク）と考えている人は、失敗してしまうこともあります。

必要なことは、まずは**「自分自身の本当の姿」「自分がおかれている状況」「これか**

らの自分に必要なもの」という3つの要素を知ることです。この3つを本当の意味で知ることができれば、客観的に自己分析できる力が簡単に身につきます。

失敗してしまう人は、その力を身につける前に、簡単な習慣を続けることに挫折してしまっているのです。

しかし、この3つの要素を客観的に自己分析できる力をいったん身につけると、そのあとは自分のことが手にとるようにわかるので、不幸な自分とは無縁になります。

女性が恋でも仕事でも家庭でも夢を叶えるには、まず自分を知ることが大切なのです。

「そんなことをいわれなくても、自分のことは自分が一番知っています」そう、思ってしまうかもしれません。

しかし、自分のことは主観的にしかわからないのが、人間というものです。本当の自分を知るために、僕は以下のことを必ずみなさんにすすめています。

1「自分の説明書」をつくる

まずは自分を知らなければ、どこをどうすればいいかもわかりません。知っているようで知らない自分のどこに注目するかをここで確認しましょう（46ページ参照）。

2「目標」と「目的」を明確にする

人生の最終的な目標と目的は、体を健康な状態にし、ベストコンディションを維持向上すること。それをベースに自分のパフォーマンス力を最大限引き出し、人生をより充実したものにすることです。

そうでなければ、**自分が本当に歩みたい道も見えてこない**からです。

そこで最初はまず、自分が望む目標を具体的に設定してみましょう。

いつまでにどのような状態を目指すかという「目標」と、モチベーションを下げないための「目的」を明確にしましょう（50ページ参照）。

3　目指すべき生活時間のサイクルを知る

人には正しい体内時計が示すような理想の生活リズムがあります。それを知り、できるだけそれに沿った生活をすることは、健康な体づくりの必須条件。基本となる時間のサイクルをここでしっかり頭に入れておきましょう（76ページ参照）。

4　目指すべき睡眠のとり方などを知る

正しい生活リズムと効率のいい睡眠のとり方、同時に、心身に効く入浴の仕方などについても知っておきましょう（81ページ参照）。

5　体の中からきれいにする

アカデミーのメソッドでは、フルーツによるデトックスを重要視しています。現代人の食生活にまつわる素朴な疑問から導き出したデトックスの意義とデトックスを目的とした正しいフルーツのとり方を紹介していきます（88ページ参照）。

6 その日1日の自分を採点する

今日1日の自分を知るためには1日を振り返り、採点する習慣をつけましょう。採点するために1日を振り返ることで自分がすべきことを再確認、理想へ近づくためのモチベーションをキープします。同時に自分自身を知ることもできます（66ページ参照）。

自分を知ることで人生が変わる

5 「いい女」になるための最短の道

「あなたは今の**『自分の説明書』**を書けますか？」


これはアカデミーの授業で僕が生徒さんに最初にする質問です。

繰り返しになりますが、本当の意味での自分を知るために必要なのは、「自分自身の本当の姿」と「自分がおかれている状況」、そして「これからの自分に必要なもの」、この3つを客観的に自己分析できる力を身につけることです。

今の「自分の説明書」を書けないということは、**「自分自身の本当の姿」をわかっていないということ。**つまり自分を変える前準備すらできていない状況です。

とはいえ、今はスタートしたばかり。落ち込むことはありません。とり組みながら必要なことをしっかり押さえていきましょう。

「自分の説明書」に必要な項目として、まずはあなた自身の体のことから書いていきましょう。次の7つを知っておくだけで、なりたい自分へ大きく近づけます。

1. 身長

ほとんどの人がすぐ書ける項目です。ただ年齢によって変わることがありますので、健康診断のときなど定期的に計る機会にチェックしておきましょう。

2. 体重

日や時間によってもかなり変動します。できるだけ現状を把握できるようにするためにも、家に体重計がないという人は購入して計ってください。

3. 体脂肪

体脂肪は大きく上下しないので、毎日計って1週間の平均を出してください。体脂肪は、数値が下がるとモチベーションがアップする項目でもあります。体重が減っても体脂肪が減らない場合は、毎日の食習慣について再考する機会にもなります。

4. 今朝の体温

自分を知るためには、自分の体調を常に知っていることが大事です。体が冷えている人は痩せにくく、体調を崩しやすく、足もむくみやすいといった傾向があります。女性は生理によっても変わりますので必ず把握しておきましょう。

5. 体の各所のサイズ

バスト、ウエスト、ヒップ、それぞれの正確なサイズを計測してください。さらに二の腕、太ももなど、自分が気になる箇所、特に痩せたいと思う箇所のサイズも知っておきましょう。

6. 全体のスタイル

洋服を脱いで鏡の前に立ち、できればブラジャーも外して自分の体をじっくり観察します。女性は自分の体を、その人にとっての「都合のよい角度」から見がちです。それは誰もがやってしまう無意識な現実逃避なので、ここはぽっこりお腹からも目をそらさずに。がっかりした気持ちを近い将来よろこびに変えるためにも携帯電話などで全身がわかる画像を記録しておきましょう。

7. 体調

朝はすっきり起きられたか、頭痛の有無、風邪のひきやすさ、むくみ、肩こりなど気になる点はなんでも書いておきましょう。これまで放置したりその場しのぎの処理でやり過ごしてきた体調不良も、記録をすることで、ほかの要素との因果関係が見えてくることがあります。改善したいことはひと通り書いておきましょう。

巻末の198～199ページには、実際に「自分の説明書」を書き込めるスペースをご用意しました。早速書き込んで、あなたの真の姿を知りましょう。

本当の意味で自分を知るための第1歩は「自分の説明書」を書き出すこと

6 「目標」と「目的」を明確にする

いい女になるために一番大事なことは、自分の**「目標」**と**「目的」**を明確にすることです。

そんな当たり前のことをいわれても、とがっかりされるかもしれませんが、いざフタを開けてみると、それらをはっきり把握できている人はほとんどいません。

特に途中で止めてしまう人、続かない人は「何のためにやっているのか？」という目的が明確でないケースがほとんどです。

アカデミーの説明会に参加された方などに「目標」を聞くと、「今年中に5キロくらい痩せたい」といった答えが多く返ってきます。

ではその理由＝「目的」はというと、「来年こそ素敵な水着で堂々と海に行きたいから」。

そう、ほとんどの人がスムーズに答えられるのは、このくらいまでなのです。でもまだまだこれでは「明確」とはいえません。

あなたは、これ以上のことをいえますか？　いえない人は、次の例を見て自分の「目標」「目的」に今一度向き合ってみてください。

ex.「5キロくらい」（目標より）

あなたの今日の体重は何キロですか？

1キロ単位ではなく10～100グラム単位（体重計により異なります）で把握していますか？　たとえば50キロと50・6キロでは600グラムも差があり、全然違います。

今の自分の体重がはっきりしていない人は、その日どのくらい痩せたかわかりません。まず自分の正確な体重を知りましょう。

ex.「今年中に」（目標より）

今年中というのは具体的にはいつ？

たとえば「今年中だから年内」というのは明確とはいえません。また、11月になって5キロ痩せていなくても、12月までに痩せればいい……と自分に逃げ道を用意することになります。

目標を達成する日時は、何月何日、何時何分まで設定してください。

ex.「来年こそ」（目的より）

「来年こそ」は来年の何月何日？「海」はどこの海？

たとえば「来年のお正月休みにハワイに行きたいから、痩せるリミットは大晦日の夕方5時。場所はワイキキビーチ」というように、目標の日時、目的を達成する日時はしっかり決めてください。

この例の彼女のように、目標をクリアしたあと、出かけることが目的なのであれば、その日一緒に行動したい相手に予定を空けておいてもらいましょう。いざ当日天候が悪ければ、場所はプールに変更してもいいのです。

ex.「素敵な水着」（目的より）

それはビキニ？　ワンピース？　何色？　サイズは？　どこのブランド？

「痩せてから考えようと思った！」というかもしれませんが、「水着」というくくりだけではぼんやりしすぎです。明確な目的とはいえません。

「あのブランドのあのデザインの白いビキニ」など、できるかぎり具体的にイメージすることが大切です。すでに売っているものであれば、先に購入してしまうのがよいでしょう。

なお、ここまで細かく決める理由は、「水着」としておくと、当初は内心ビキニのはずだったのに、そのうち目指した痩せ方ではなくても目立たないデザインのものにすればいい、と変更がきくからです。

内容はとことん明確に、自分が甘えて逃げられる要素を徹底的につぶしておきます。

そうして決めた目標と目的は大きな字で紙に書き、部屋の目につくところなどに貼ったり、手帳に書いたりして常に意識するようにしましょう。

決めたら最後、**目標と目的を達成するまでやり遂げてください。**できれば、周囲に自分で決めた目標と目的を宣言して挑んでみると効果的です。そうすることでより意識が高まり、達成しなくてはいけない、という思いが強くなるからです。

ちなみに目標と目的は、とり組む前は目標を重視して、スタートしたら目的を重視、ゴールするときに目標を重視するのがいいでしょう。目標↓目的↓目標といった感じです。

もうひとつの成功のポイントは、**誰かのために、という意識でとり組むこと。**

彼氏がいるなら、あなたが健康に痩せてきれいになれば彼はよろこぶでしょう。自分のためだけでなく、晴れてクリアできれば一緒によろこんでもらえる、待ってくれている、と考えたほうが、より一層の努力ができるはずです。

目標と目的は細部まで明確に！

7 理想の自分が手に入れば、恋も夢も叶う

ここでは、自分の望む恋愛・結婚、夫婦関係を実現するための「自分の説明書」をつくってみましょう。

大まかな流れは、先ほど紹介した体についてのものと同様です。

まず、目指す恋愛・結婚・夫婦関係に向かうための「自分の説明書」を考えてみてください。

先ほどと違う点は、「こういう人と付き合う」「こういう人と結婚する」という「目標」としてイメージした相手に、**自分は相手と同等、もしくはそれ以上だ、というプレゼンテーションできる内容を明確にすることが必要になる**ということです。

あなたが「同等、もしくはそれ以上」であることをプレゼンする内容は、**自分が相手に対して何ができるか？ということ**です。

私と付き合ったら、私と結婚したら、あなたに対してこんなことをしてあげられますよ、という自己アピール――これは、お見合いの釣《つ》り書《が》きなどとは意味合いが違うので少々難易度高めです。じっくり考えてみてください。

相手のあることなのではっきりいって正解はありません。でも、**目標を実現させるためにシミュレートして備えておく、あらかじめ心の準備をしておく、ということ自体が大切**なのです。

ここでは、自分を相手に受け入れてもらえるよう、いざというときのために相手に伝えたいことをしっかり伝わるよう用意しておきましょう。その間にも、自分はどういう恋愛を、結婚をしたいのか、ということを考え続ける、これがまた重要です。

なお、自分の説明書が明確に書けない、内容に具体性がない人は、当然ながら目標をクリアすることは難しくなってしまいます。

「自分の説明書」と同様に、恋愛・結婚においても「目標」と「目的」を明確にしていきましょう。

望む相手のイメージ、期限もはっきり書いてください。

結婚が目標である場合は、何のために結婚するのか、という「目的」も非常に大事です。これは結婚後も心の中で思い続けることになりますね。

ダイエットも同じで、最初に「何キロになる」といった目標を決めることが大事だとお話ししました。始まったあとは、何のためにやっているのかという「目的」が重要になります。

ちなみに理想が高すぎて、自分がクリアできない目標を設定してしまうのは、「自分がわかっていない（客観視できていない）」状態だということです。

どうすれば実現可能な目標を設定することができるようになるか、もう一度考え直してみてください。これはダイエットでいえば、今までと同じ生活をして痩せたいといい続けているのと同じことです。

心から幸せになりたいと望むなら、**自分の恋愛・結婚に対する意識を変えましょう。**当然といえば当然ですが、意識を変えないまま、変えたいところだけ変えることはできません。

あなたは自分の人生を、どこか他人事のように思って生きてはいませんか？　白馬に乗った王子さまを待っているのでは？

——とまではいいませんが、誰かとの出会いが自分の人生をある日、劇的に変えてくれるように思っているフシのある人は決して少なくない気がします。

もし、自分の意識を変える方法がわからない、ということであれば、後述する「理想の自分ノート」（63ページ参照）をぜひ試してみてください。

また、何かに向かう際、「私は意志が弱くて……」という人がよくいますが、生まれつき意志が強い人はいません。基本的には誰しもラクをすることが大好きです。**意志を強くするのではなく、意識を変えるのです。**

自分はこういう人生を送りたい、そのためにはどうしたらよいか――といったことについてとことん考える。そして、導き出したものを自分の中に落とし込むことで、意識はおのずと変わっていきます。

そして、「自分の望む人生を生きるためにはこう在るべきだ、こう在りたい！」と思うことで、意志は強くなるのです。

「目標」と「目的」を明確にするのはその工程のひとつです。

自分は相手に何をしてあげられるのかをはっきりさせる

8 過去の恋愛から見えてくること

恋愛と結婚については、ダイエットと違ってうまくいく・いかないが、自分だけの理由ではないですよね。でも、アプローチした人とうまくいかなかった場合は、次の出会いのためにもしっかり原因を考えることが大切です。過去の自分の失敗した恋愛は、最強の反面教師になるのです。

一生懸命彼に尽くしていたつもりなのに、なぜか付き合うほどに相手は不機嫌になっていき、はっきりした理由もわからず別れを切り出された経験がある人。

それは、**相手に対する「想いやり」ではなく、「自己満足の優しさ」の押しつけだったのかもしれません。**もしかして、彼中心に考えすぎるあまり、彼にもあなた中心に生きることを求めていませんでしたか？

もちろん、考えても理由がわからないときもあります。でもそのときは、そういう人もいるんだな、くらいに思っておけばいいのです。

また、あのときはしなかったけれども、今度はこう行動してみよう、といった考えが浮かぶかもしれません。何より、自分の実らなかった出会いを客観的に見る訓練ができます。

つらい部分もありますが、終わった恋愛は成功のための貴重なステップとして、自分の中でしっかり昇華させてあげてください。

過去の失敗は次の成功へつなげる

9 幸せを引き寄せる「理想の自分ノート」の書き方

まずノートに、なりたい自分（体型、仕事、趣味、貯金）、恋愛（相手との付き合い方）、結婚（相手と結婚生活）などなど、あなたのありとあらゆる理想と希望を書いてみましょう。

今の自分の状況や現実になる・ならないなどはまったく無視してOK。自分の考え方を全部出しきるつもりで、書けるだけ書きまくってください。ひたすら書き出していくと、自分が何を望んでいるのかがだんだん見えてきますし、何が自分ではわかっていないのかが見えてきます。

恋愛・結婚でいえば、「素敵な彼氏（夫）がほしい」と思うなら、その男性像についてできるかぎり具体的に描写してみてください。もちろん自分のことは棚に上げておいてかまいません。

その人はどんな性格？　趣味は？　どんな顔や体型？　住んでいる場所と部屋の間取りは？　職業は？　収入は？——書き出しているうちに、「なりたい自分」を考えたときと同様、理想の人はこんな人、とどんどんイメージがはっきりしてきます。

「実際にはこんな人いないよね……」と思っていても、あらためて考えてみると、「あれ？　この部分はあの人に近いかも」と周りに該当者を見つけられるようになるかもしれません。

書き出すことによって頭の中が整理されてくると、理想の相手の条件もだんだん変わってきます。「相手の年収を気にしていたけれど、それより食べ方の汚い人のほうがNGだな」などと理想が変わるたび、「年収が1000万円の人」ではなく「食べ方のきれいな人」とノートの相手の姿を書き直していきましょう。

常に頭の片隅で考え続けていることで、理想の相手像の条件はだんだん現実味を帯びてきます。**大事なことは、自分が何を望んでいて、何を望んでいないのかを明確にして見極めること。**

理想像と自分との間の差が埋まらない、現実にはとても存在しない相手しか思い浮かばないという場合は、恋愛も結婚も実はまだ本気で望んでいるわけではないのかもしれません。

200〜201ページには書き込み式の「理想の自分ノート」をご用意しました。こちらもぜひ活用してみてください。

書き出すことで
自分が本当に望む未来が見えてくる

10
その日1日の自分を振り返る習慣をつける

人生を思い通りに進めるためにはまず、自分の本当の姿を知り、自分のおかれた現状を把握し、なりたい自分を明確にすることが大切だとお伝えしてきました。

しかし、まだ弱い部分があります。そこで、自分の状況をさらに認識するため、**その日1日の自分の行動を振り返る習慣をつけていきましょう。**

多くの人は、自分の食事や健康についてはニの次になっていますが、あなたはどうでしょうか？　昼食に何を食べたか、何時に入浴して何時にベッドに入ったのか、覚えていますか？

思い出したら、自分の昨日1日に点数をつけてみましょう。

「うーん……100点満点としたら、60点くらい？　がんばったし」

ちょっと待って。それでは根拠や基準がなくて、曖昧です。

曖昧な採点をしていたらいつまで経っても成長しません。

「自分の生活習慣理想表（100点満点）」といった具合に自分で採点表をつくり、点数は項目ごとに、たとえば、朝ごはん10点、ランチ10点、夕食10点、おやつ10点、お風呂10点、睡眠10点……。「理想は毎日夜10時に寝て朝6時に起きる」ことを10点としたら、夜中の1時半に寝たときは3点、11時に眠れたときは7点、というように採点してみてください。


仕事や勉強が忙しくて夜遅くなったり、つい飲みすぎたりする日があっても仕方ありませんが、採点することで生活習慣はいやでも意識せざるをえなくなります。そして数値化することにより、どういう状態が理想の生活なのかがわかれば、多少ブレてもすぐに元に戻せるようになるはずです。

1カ月経ったら、点数をグラフにしてみましょう。きっと少しずつよくなっていることがわかるはずです。結果がはっきり目に見えると、モチベーションもおのずとキープすることができますよ。

自分の1日を採点すれば なりたい自分に近づける

11 自分の1日を見直すチェックリスト

前項のようにオリジナルの採点表をつくり、自己採点するのは少々ハードルが高いという人もいるかもしれません。

そこでここでは、アカデミーで使用しているチェックリストを目安としてお伝えしておきましょう。毎日、記録していくうちに、自分のコンディションがよくなる食事の時間や内容、睡眠時間などがわかってきます。

202ページからの「自己採点表」を使うと、これらのチェック項目についてわかりやすく記入することができます。

チェックリストを毎日つけて自分のベストな生活習慣がわかったら、その内容を満点として採点表をつくってみましょう。

これを記入する際は、まず、「目標」と「目的」を設定してください。

ダイエットならいつまでに何キロ痩せるというゴールを具体的に決め、体重や体脂肪を計測、気になる箇所を採寸して書いていきます。

これは3日おき、1週間おきでは意味がありません。**毎日の生活習慣は毎日チェックすることで身につくのです**（気になる箇所の採寸は1週間に1回でいいです）。

ちなみにアカデミーでは、体の数値については1日の終わりに書かずに、翌朝体重を計ったときに書いてもらっています。これは、いつも決まった時間に計測して書くことで体重の変化が正確にわかるからです。

- **今日の日付**
- **ゴールまであと何日？**
- **目標達成まであと何キロ？**

・今日の体重は？
・今日の体脂肪は？

次に大事な睡眠時間も記録しましょう。

・前日の就寝時間は？
・今日の起床時間は？

正しいリズムの睡眠をとることで、生活リズムが整います。

理想は毎晩夜10時には就寝することですが、遅くなってしまう日も当然あるでしょう。寝る時間はコントロールしにくいので、毎日決まった時間に寝られなくても仕方ないのですが、朝起きる時間だけは１２０％自分で決められます。休日でも毎朝同じ時間に起きましょう。

前日寝る時間が遅くやはり少し眠いという日は、昼休みなどを利用して仮眠をとりましょう。生活リズムを崩さないためにも、早起きはぜひ習慣にしてください。理想を実現化できる人はみな、早起きをしています。

そして、いよいよ食事です。

食事については、朝ごはん、昼ごはん、夜ごはんと書かず、具体的な内容と食べた時間を書いてください。

たとえば――、

〈AM6時30分〉

・スイカ4分の1個　・パイナップル半分

・オレンジ1個

〈PM12時〉

・ごはんお椀に半分　・ほうれん草のおひたし

・味噌汁（豆腐、わかめ）　・サンマの塩焼き

〈PM7時〉

・サラダ大皿（ミニトマト、レタス、ピーマン、ブロッコリー、ベビーリーフ）
・煮物（大根、こんにゃく、鶏肉、しいたけ、にんじん）

といったように、何時に何をどれだけ食べたかをしっかり書きましょう。内容を忘れないよう、毎食ごとに箸をつける前に写真を撮っておくのもおすすめです。

そのほか、

・何リットルお水を飲んだか？
・何時頃お風呂に入ったか？
・運動はしたか？
・便は出たか？　何時頃だったたか？
・生理中か？

といった項目を加えてください。さらに、先述の「理想の自分ノート」の理想にも近づいたか、その1日を振り返って思いつくものを書いてみましょう。それらを総合して「昨日の自分は何点だったか？」を考えてみましょう。

毎日採点するうちに、「自分の生活は平均80点くらいかと思っていたけれど、実は50点くらいだったんだな。まだまだ改善の余地がある」と、曖昧だった採点基準や食事や睡眠などに対する感覚もおのずと明確に変わってくるはずです。

それらが明確になれば、新たな課題が見つかります。

「1日を振り返っての感想」「昨日、意識してとり組んだこと」「どうすればもっと成果を出せたか？」「もっと調べたいこと」などもメモでいいので、気がついたことはどんどん書き込んでいきましょう。

これを続けていけば、あなたの「今」と「未来」はおのずと変化してきます。きちんと行っていれば、3カ月後には、「意識してやるもの」から「自然な習慣」に変わっていくはずです。

そうなれば、あなたは体型が変わるだけでなく、理想の人生に1歩ずつ、着実に近づいていくのです。

毎日の過ごし方を採点すると新たな課題が見えてくる

12 目指すべき生活時間のサイクルを知る

1日の生活を見直す際に知っておきたいのが、理想的な生活時間のサイクルについてです。

健康や美容にいいとされる早寝早起きは、なぜいいのか、知っていますか？

人の体には、**太古の昔から刻み込まれた生活時間のサイクルがあります。**日の出・日の入りなど自然現象のリズムに基づく、いわゆる正しい体内時計が示すものです。できるだけそのリズムに沿った生活を送ることは、体だけでなくその日1日の精神状態まで整え、パフォーマンスを最大限引き出すことにつながります。

それに反するように極端な夜型が進んでしまっている現代日本人ですが、自分のためを考えるなら、忙しいスケジュールの合間や仕事帰りにジムでのトレーニングを詰め込むより、生活時間を理想のサイクルに合わせるようにしていったほうがずっといいのです。

また、一説に**午後10時から午前2時の4時間は、成長ホルモンが活性化する「ゴールデンタイム」**とされています。成長ホルモンは疲労の回復や病気の改善に役立つほか、アンチエイジング効果もあるため、美容にも効果的です。

睡眠はできればこの時間をコアタイムとしてとっていきたいところですが、仕事や勉強で「さすがに夜10時はちょっと……」という人がほとんどでしょう。1時間後の夜11時まで、それが無理でも30分、10分でもいいので少しでも早くベッドに入ることを目指してください。

やらなければいけないことは、午前4時などに早起きをしてまた再開するというのもひとつの手。遅くまでだらだらと仕事をするより、いったん寝て早く起きてやるほ

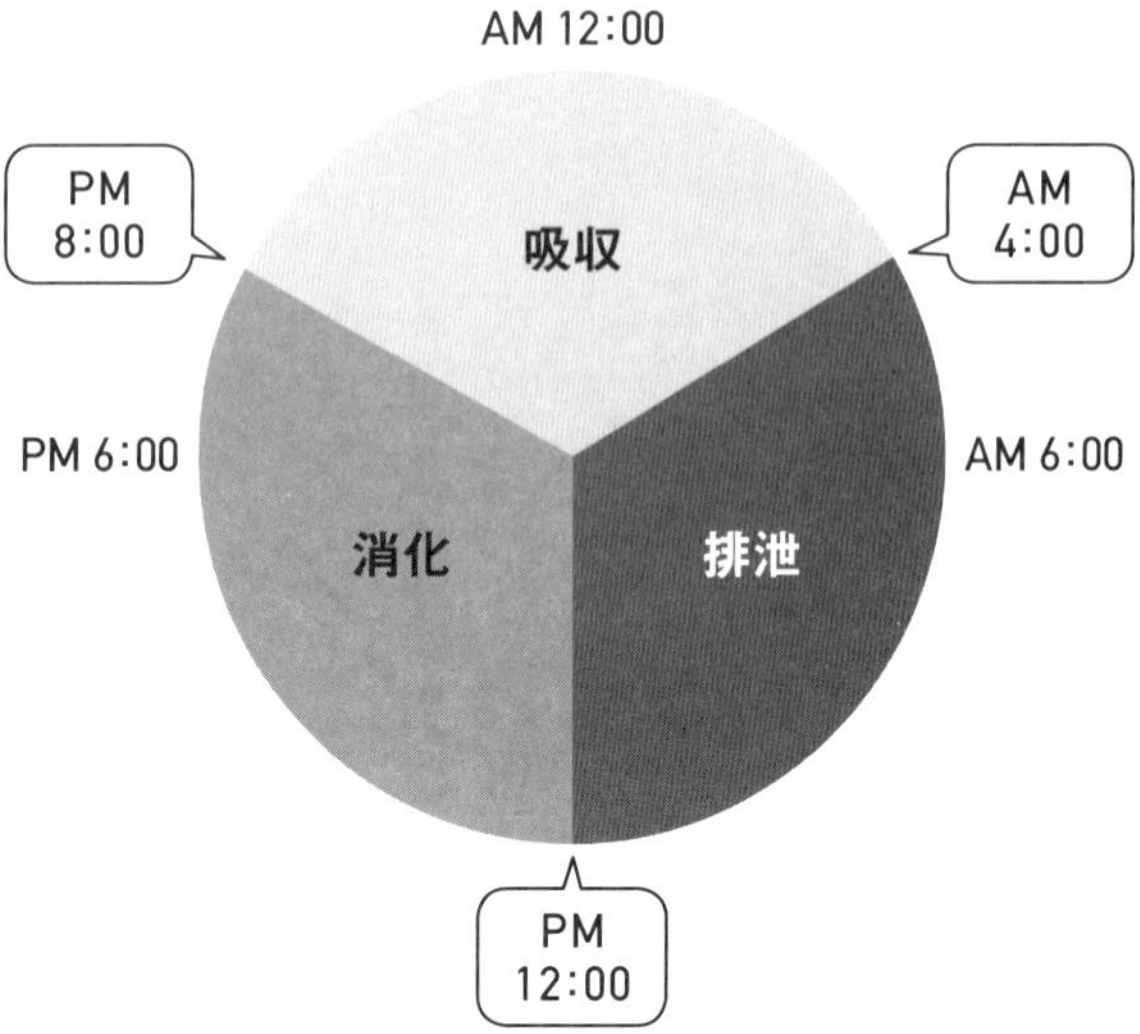

うが効率もいいのです。

当然ながら、早く寝る習慣がつけば、自然と早起きになります。

早寝早起きは睡眠の質を上げるだけではなく、消化・吸収・排泄といった体のサイクルも整えてくれます。

20代、30代までは、何時に食べてもどうにかなっていたし、何時に便が出ようと気にしていませんでした。しかし、睡眠時間と同じように、これまた太古の昔から、人間の消化・吸収・排泄の「ゴールデンタイム」は決まっていたのです。

・排泄　AM4時〜PM12時＝老廃物などを出す時間
・消化　PM12時〜PM8時＝食べて胃で消化する時間
・吸収　PM8時〜AM4時＝腸で栄養を吸収する時間

朝はとにかく排泄に集中すること。

新しいものを口にするのは、体にとって不要なものをきれいに出してからがベストです。

食べないと排泄は難しいと思い込んでいる人も多いかもしれませんが、起きてすぐうがいをしたらペットボトル1本分のお水を飲み、軽くストレッチをして腸を刺激し、排泄を促しましょう。

便秘の人の中には、便が出るタイミングで我慢しているうちに、便が出なくなってしまった人もいます。最初のうちは、朝、トイレに行って便座に座り、お腹に「の」の字を書くようにさすりながら便が出るイメージだけでもしてください。

毎朝リズムをしっかりつくろうという意識で体に働きかけていれば、便秘も自然となくなっていきます。

理想の睡眠・排泄のリズムをつくればコンディションは上がる

13 目指すべき睡眠のとり方などを知る

理想の生活リズムで日々を過ごすためには、睡眠をとるべき時間にしっかり熟睡することが大切です。しかし、理想とされる時間にベッドに入ってもよい睡眠をとるための心と体の準備ができていなければ意味がありません。

ここでは、よい睡眠のために就寝までにしておいたほうがいいこと、気をつけたいことについて紹介しましょう。

1　夜、運動をしない

夜に運動をすると体が興奮状態で目覚めてしまい、本人は疲れてすぐに眠りについたつもりでも、体は熟睡できていなかったりします。

運動するなら朝だけにしておくこと。それができないのであればむしろしないほうがいいです。

想像してみてください。夜遅くにせっせと運動している女子と、朝早く起きてすがすがしく運動している女子を。どちらが素敵ですか？

2　携帯電話（スマートフォン）を寝室におかない

寝る直前まで携帯電話やスマートフォンを片時も離さず見ている人は多いです。気になるのはわかりますが、寝る1時間前には見るのをやめ、寝室に持ち込まないでください。

寝る直前まで携帯電話をいじっていると、脳が起きたまま眠りに入ろうとするので、眠りの質が落ちてしまいます。

また、夜中にメールがきて一瞬、光ったりすると、目は覚めなくても脳は反応してしまいます。携帯電話の目覚まし機能で起きている人は、明日から目覚まし時計をセットしましょう。

3　寝る前にはバスタブに浸かる

お風呂に入るとき、シャワーを浴びておしまいではなく、ゆっくり湯船に浸かりましょう。冷え性の人ほど湯船に浸かっていないものです。体が冷えたままではよく眠れませんよね？

それにお風呂は最高のリラックスタイム。1日の疲れをリセットするためにも、必ず湯船に浸かりましょう。

4　空腹で寝る

朝起きて、胃がムカムカしていることがありませんか？　それは胃の中に消化されていない食べ物が残っているからです。

寝ている間、胃や腸などの消化器官は働いています。あなたは寝ていても、眠い目をこすって胃は必死でがんばっていたのです。

しかし眠っている間は消化の効率が悪い上、消化器官が動いているとあなたの睡眠の質も落ちてしまうという悪循環におちいってしまいます。

寝る3時間前には食事を終えて、それ以降は食事をとらないようにしましょう。どうしても食べたいのであれば、サラダだけにしておくなど、軽めの食べ物を選択するとよいです。間違っても、ごはんやめん類などの炭水化物や甘い物は選択しないようにしましょう。

5　寝るときに靴下ははかない

寒がりだからと靴下をはいて寝る女性は少なくありません。

ベッドに入るときは寒いかもしれませんが、寝ている間は体温が変化します。しかし、靴下をはいて寝ていると体温調節がうまくいかず、かえって汗冷えをおこしてしまいます。靴下をはいて寝るのはやめましょう。

バスタブにゆっくり浸かって体が冷えないうちに就寝すれば、靴下は必要ないはずです。

6　いつも同じ時間に起きる

飲み会などで遅くまでワイワイと楽しんだ夜ともなれば、寝る時間が遅くなりますよね。だからといって翌朝、起きる時間を遅らせるのはやめましょう。たとえ前日夜更かしをしても、翌朝は必ず同じ時間に起きてください。

睡眠時間を削らないためにも、飲み会が長引きそうなときはなるべく早めに失礼する。もし幹事さんの手前、途中で帰れず寝るのが遅くなってしまっても、起きる時間だけは自分で決められるはずです。

一度遅くまで寝てしまうと、翌朝起きる時間がいつもと違うことで、その日からリズムが狂ってドンドン悪循環にハマってしまいます。

次の日が休日でも朝は同じ時間に起きましょう。

7　仮眠をとる

「昨日は夜遅かったから眠くて仕方がない」とアクビばかりしている人を見かけます。

けれども、眠気を飛ばそうとして興奮作用のあるドリンクやコーヒーを飲むのはもってのほかです。一時的には目が覚めるけれど、そのあと、どっと疲れが出てしまいます。

代わりにお昼休みに軽くランチをとったあと、机の上などで目をつむって仮眠をとりましょう。

たった5分でも脳を休めれば、午後の仕事の効率は上がってきます。もし前日が飲み会なら、ランチを抜き、その分、昼寝の時間を増やすのもいいでしょう。

ポイントを押さえて質のいい睡眠を心がける

第 3 章

体が思うように動かないと、人生も思う通りに動かない

14 体が変われば、あなたの毎日は変わる

前章で自分の説明書を手に入れたあなたは、自分の本当の姿が見えてきたことでしょう。そして、理想の自分ノートも書き込んだのであれば、自分がどうなりたいかの明確な将来像が見えてきたと思います。

しかし、それだけではまだ現実は変わりません。

ここで大切なのは、自分の毎日の調子をつかむことです。

どのように調子をつかむかというと、**まずはあなたがこれまで体にため込んだ「毒」を洗い流すことです。**

現代の便利な食生活では、ファストフードやコンビニ食品など、さまざまな添加物

があふれています。こうしたもののすべてを食べるなとはいいませんが、僕は、忙しい現代人が自分の目標や目的を見失いがちなのは、こうしたお手軽な食生活によって自分の調子をつかむことができなくなっていることも大きな影響があるのではと思っています。

お手軽な生活を送ってきた人は、お手軽な毎日になってしまいます。

お手軽な毎日を送るということは、自分で自分のことを大切にしていないということです。自分のことを大切にできない人は、他人のことも大切にはできません。その負の連鎖が、あなたを幸せから遠ざけているのです。

たとえば、近年は特に人と環境に優しいとされる高燃費エコカーが人気ですが、一方、それを利用する人間はというと、燃費がどんどん悪くなっている気がします。

少食でたくさん働いていた昔の人に比べると、ボタンがはちきれそうなほど量は食べているはずなのに、なぜかすぐにお腹が空く……。

これは、現代日本人の燃料の質が悪いのです。

お腹がいっぱいになるということと、体力がもつということは違います。

お腹がいっぱいになればなるほど、消化にエネルギーを奪われ体力を失います。食べすぎの日本人は常にお腹が満たされているので、体力を消耗し続けている状態で、その結果、燃費が悪くなっているのです。

そこで僕がまずおすすめしているのが、**デトックス期間を設けることです。**パンにヨーグルト、スムージーといったいつもの朝ごはんを**新鮮なフルーツに変えるだけ**で、体は変わっていきます。

デトックス期間として、**最初の1カ月だけは、連続してフルーツを食べ続けましょう。**

どのくらいかというと、まず最初の**3日間朝、昼、夜と続けます。**これを「**フルーツデー**」といいます（詳しいスケジュールは197ページ）。

少々厳しいかもしれませんが、連続してフルーツを食べるのが、一番効果があるのです。

3日間、お水とフルーツのみの食事をしたら、次の3日間は普段の食事に戻してもかまいません。

とはいえ、朝ごはんは、フルーツのみ、昼はできればサラダや蕎麦などの軽いものがいいでしょう。しっかり食べると眠くなり、仕事の効率が悪くなり、残業するハメになるからです。

夕食は、しっかり食べてもいいです。なぜなら、夜はもう寝るだけなので、肉や魚を食べてもOKです。ただし、いきなり重たいものを食べてしまうと、胃に吸収される勢いが増してしまうので、必ずサラダから食べる「サラダファースト」は守ってください（といっても食べすぎには注意を！　腹八分目を意識してくださいね）。

ちなみにフルーツのみの「フルーツデー」は3日間ではなく、続けられるなら、1週間でも10日間でも続けてかまいません。続ければ続けるほど効果が出ます。最低3日間という意味です。

できれば、**最初の1カ月間だけは、月の半分の15日間はフルーツデーになるように調整**してください。

どうしても参加しなければならない飲み会などがあるときは、気にせずに飲みに行っても大丈夫です。デトックスの効果は薄れてしまいますが、我慢するとかえって反動で挫折してしまうからです。

ただし、翌日はお腹が空っぽになるまで食事を我慢して、胃が空っぽになったと感じてからフルーツを食べましょう。飲み会の日の前後はフルーツデーにするといいですね。

2カ月目に入ったら、週に1度のフルーツデーでOK。週に6日は好きなものを食べていいのです。

けれども、朝のフルーツとサラダから食べ始めるサラダファーストは、デトックス期間に関係なく生活習慣としてずっと、続けてください。

そして3カ月目からは3食フルーツデーは必要ありません。

ただし個人差はありますし、もうちょっと痩せたい、もっと調子をよくしたい、飲み会が続くという人はフルーツデーを続けてみてください。

この方法で体が内側から変わると、体重が7~15キロはストンと落ちます。それだけでなく、あなた自身にエンジンがかかり出し、毎日のコンディションが抜群になります。その結果、自分の目標と目的に向かって意識を集中できるようになり、ものごとがみるみる前向きに動き出すのです。

体内の毒素を洗い出せば人生は必ず好転する

15 フルーツがデトックスに有効な理由《わけ》

デトックスの方法は、実にシンプルです。

ひたすらフルーツを食べること。これだけです。

「フルーツはカロリーが高い」「果糖は太る」と誤解されがちなのですが、果糖と砂糖は「糖」同士ではありますが、まったくの別物です。いったん口に入れてしまうと全然違うものになるのです。

精製されている白砂糖には、ビタミンやたんぱく質など体に必要なものは何も入っていません。その上、エネルギーとして代謝させようとすると、体にいいビタミンB群を使ってしまいます。おまけに血液も酸性にしてしまうので、免疫力も落ちていきます。

一方、フルーツには、**AやCなどのビタミン類やミネラルなどの栄養素が豊富に含まれています。**肌を美しくしてくれ、風邪の予防にも効果が期待できます。

さらに、**カリウムや食物繊維が多い**ので、高血圧や糖尿病を予防する効果もあります。また、保水力にも優れ、便秘を改善し、代謝もアップさせます。

「水を飲んでいるから保水はバッチリ」という人がよくいます。確かに水は体の乾燥を防いでくれるので1日に2・5リットルはとりたいところですが、残念ながら保水力はありません。水は飲んだら尿として出ていき、体内にとどまる力はないのです。

しかしフルーツは、**保水力のある酵素を豊富に含んでいます。**

おまけにフルーツは独自の消化酵素を持っています。そのため、消化に使われるエネルギーが減ることで、消化中であっても眠くなりません。

酵素とは、たんぱく質の一種で、さまざまな生命活動において重要な働きをします。代謝を高めて脂肪を分解し燃焼してくれるので、体からどんどん毒が出ていきます。

ところが、この大事な酵素は年をとるに従い減ってしまい、その結果老化が進みます。それを食い止めてくれるのが新鮮なフルーツなのです。

次に、おすすめのフルーツ、注意したいフルーツについて見ていきましょう。

果物屋さんの店頭には、さまざまなフルーツが並んでいます。迷ってしまいますが、選びたいのは、**新鮮で旬のもの。**旬のものはそうでないものよりも断然、デトックス効果が高いのです。

フルーツを食べて体が冷えるという人は、旬のフルーツ以外（夏にリンゴ、冬にスイカなど）のものを食べていることが原因でもあります。また、できるだけハウス栽培のものよりも露地栽培のものを選びましょう。

旬のものでないフルーツを数種類食べるより、その季節の新鮮なフルーツを1種類だけ食べたほうが体にはおすすめです。

そして、次に大切なのが、**水分が多いフルーツを選ぶこと**です。デトックスに向いているのは水分の多いフルーツで、体の中を洗い流してくれるのに適しているのです。

特に積極的に食べたいのは、**スイカ**や**ナシ**、**リンゴ**、**グレープフルーツ**、**メロン**、**桃**などです。保水力に優れ、肌が見違えるように美しくなります。

逆にデトックスに向かないのは、水分の少ないもの。どちらかというと控えめにしたいフルーツです。

アスリートたちに人気のバナナは腹もちもよく満腹感がありますが、その分、水分はほとんどありません。**ビワ**や**キウイ**、**マンゴー**、**柿**、**サクランボ**なども同様です。

また、種は消化に悪いので必ずとり除いてください。せっかくデトックスにいいスイカを食べても、種を食べると消化を妨げてしまいます。ザクロなど種ごと食べるフルーツもやめておきましょう。

もし**水分の少ないフルーツを食べたいのであれば、水分の多いフルーツを先に食べてからにしてください。**バナナはご存じの通り栄養が豊富ですし、ビワはβ―カロチンを含み、肌を健康に保ちます。キウイは美肌に優れ、サクランボは貧血予防になります。

フルーツは水分の多い順から食べましょう。それぞれの特徴を194ページで表にまとめてありますので、参考にしてください。

おすすめフルーツは新鮮で旬のものであり水分の多いもの

16 フルーツの正しい食べ方

フルーツの素晴らしい効能がわかったら、次はその効果を最大限受け取るための正しい食べ方を見ていきましょう。しっかり覚えてください。

1　食べるのは胃が空っぽのときだけ

フルーツを食べていいのは、胃の中が空っぽのときだけです。

なぜなら、フルーツはほかのものと胃の中で混ぜると、酸化が始まってしまうからです。ではいつ食べたらいいのでしょう？

そのタイミングは**胃の中が空っぽの朝がベスト**です。

ただし、前の日、飲み会などで遅くまで食べていた人は、朝になっても胃の中で消化しきれなかった食べ物が残っています。消化が終わるまでは、フルーツは絶対食べてはいけません。昼まではお水を飲むだけにして、胃が空っぽになってからフルーツを食べましょう。

2　一緒にとっていいのはお水か炭酸水のみ

もうおわかりかもしれませんが、フルーツはフルーツだけで食べましょう。**一緒にとっていいのは、お水か炭酸水だけ**です。

お茶もヨーグルトもＮＧです。よくバリエーション豊かなスムージーを楽しんでいる人がいますが、これもフルーツが酸化してしまう原因となります。野菜とフルーツの酵素は違う種類なので、混ぜてしまうのはよくありません。

もちろん、野菜にはさまざまな栄養がありますから、積極的に食べてほしいのですが、フルーツと一緒に食べるのだけはやめましょう。

スムージーを毎日飲んでいるのにダイエットに成功できないという場合は、ここに原因があるのかもしれません。

3　常温で食べる

冷たいスイカは、夏の風物詩ですね。ほてった体を一気に冷やしてくれます。けれども、たとえ真夏であってもスイカは冷蔵庫から出してすぐに食べてはいけません。**必ず、常温に戻してから食べてください。**

「生ぬるいスイカなんておいしくない」という人も多そうですが、体の中から冷やしてしまうと冷え性のもとになります。

女性はアイスクリームなどの冷たい食べ物が好きな方も多いですが、それが原因で便秘になったり、子宮が冷えて生理痛が起きたりするのです。また、冷たいものを温めるのに体が余計なエネルギーを使い、疲れやすくなります。大事なエネルギーは体や肌をきれいにするためにとっておきましょう。

4　加工されたフルーツは食べてはいけない

いくらおいしいフルーツでもそのまま食べ続けると飽きてきます。

だからといって、桃をコンポートにしたり、焼きリンゴにしたり、砂糖をかけたりしてはいけません。スイカに塩をかけて食べるのも同じです。新鮮ではないドライフルーツを一緒に食べるのも避けてください。

甘くした缶詰や市販の100％フルーツジュースももちろん、新鮮とはいえません。さらに大量の酸化防止剤が使用されているので、加工されたフルーツを食べるのはやめておきましょう。自分でしぼってジュースにして飲むことはＯＫです。

5　食後のフルーツは厳禁

フルーツといえば、食後のデザートとして食べることも多いですが、それは厳禁です。ごはんを食べたあと、胃の中は食べた物がミルフィーユのように食べた順に層になっていきます。この上にフルーツが落ちると、**胃の中では酸化が始まってしまうのです。**酸化は切って放置したリンゴがだんだん黒くなっていくのと同じ現象です。食後にフルーツを食べてしまうと、あの現象が胃の中で起こっていることになります。

6 大皿2皿分をお腹いっぱいになるまで食べる

フルーツであればお腹がいっぱいになるまで、どれだけ食べてもOKです。ダイエットアカデミーでは、**1回の食事で大皿2皿分を食べるよう推奨しています。**

この量は、まだあまり食欲のわかない朝食でも食べてほしい量です。

最初のうちはきついかもしれませんが、それは**体内に余分なものがたまっているからです。**フルーツを食べ続けてデトックスをし続けると、余分なものは体外へと洗い流され、その分フルーツをたくさん食べられるようになっていき、さらに毒素がどんどん流れ出るようになります。

フルーツの目安量は、195ページに写真で掲載していますので、ぜひ参考にしてみてください。

フルーツを食べれば食べるほどデトックスになり、免疫力がつきます。

ということは、デトックス期間中は、フルーツだけでもいいのです。

ほかの栄養分が足りなくなるのでは?と心配になるかもしれませんが、今の日本人で特別な人を除けば、栄養過多の人ばかり。何かが足りていない人なんていません。

むしろ食べすぎている人ばかりなので、「足りないのでは？」なんて心配はいりません。

7　旬のフルーツを食べる

最後に重要なポイントがあります。

フルーツだったら何でもいいわけではありません。**必ず季節のフルーツを食べてください。**季節のフルーツではないフルーツを食べるとかえって体が冷えてしまいます。

旬のフルーツをお腹いっぱい食べてくださいね。

フルーツを食べるときは7つのルールを押さえよう

17 「いい女」には必ず原因がある

デトックスの方法はおわかりいただけたでしょうか。

とはいえ、一度は成功しても、またすぐにリバウンドしてしまう人は少なくありません。

それは、太ったという「結果」にばかり目を向けていて、その「原因」をそのままにしているからです。

太った原因を変えないかぎり、必ずリバウンドします。

あらゆることには「原因」があって、「結果」があります。「結果」を繰り返さないためには、「原因（モト）」から断たなければダメなのです。

たとえば、太った原因のほとんどは食べすぎか飲みすぎなのに、多くの人はダイエットしようと決意したらすぐに運動をします。

ここで、そもそもがズレているので、うまくいかない、続かない、そしてリバウンドするのです。

そこで、ダイエットアカデミーでは、**「結果」に対して〝何をするか〟ではなく、「原因」を明確にして改善するためには〝どう考えるか〟という、心の持ちようや考え方をまずお伝えしていきます。**つまり**「毎日の行動を、意識して考える習慣をつけてもらう」**のです。

ここで前章でお伝えした「自己採点表」が重要となってきます。今日1日の行動や食事を毎日見つめ直して意識することが、明日のあなたにつながるのです。

ダイエットだけでなく、恋愛も結婚生活も、人生はすべて**心と体がつながって初めて成功するもの**なのです。

きれいになりたいと思いながら逆の行動をとってしまうような人には、「原因」となっている「考え方のクセ」を変えていきます。

普段から生きにくさを感じている人の中には、「考え方のクセ」を持っている場合が少なくありません。

ひとつ例を挙げると、すべての物事を白か黒、いい・悪い、のどちらかで判断してしまうクセがある人。2つにきれいに分けられるなんて、ほとんどないですよね。どんなことにも例外はあるし、流動していたりする。オセロのように急にひっくり返ることもあります。

大切なものを見失うことなく、それらを認められるようになると、その人はぐっと生きやすくなります。寛容になって、人に優しく、しなやかに考えられるようになって、その結果、魅力的にもなります。

考え方でいうと、「いい女」は**寛容で懐が深い、キャパのある人が多い**です。

先入観でものごとを決めつけることをしないので、いろいろなことを吸収できるし、進化し続けられる。進化し続けるということは、常に意外性＝ギャップを提供してくれる、新鮮な存在であり続けられるということでもあります。

視野が広く客観性があるので、周りをよく見て、過不足なく気を配ることも、後に詳しくお話しする〝心配り〟をすることもできます。

その様子を見たら「ああ、この人いいな」とやはりみんな思いますよね。

行動より先にどう考えるかを自分に問いかける

18 心のストッパーを外してきれいになる

メソッドによってきれいになる、いい女になる、愛される女になる、望む恋愛・結婚をする——。うまくいって幸せをつかむ人が多い反面、うまくいかない人もやはりいます。

その違い、理由はいくつか考えられますが、性格によるところもやはりそれなりにあります。

素直な人、真面目な人、ひねくれている人。いろいろ性格の方がいますが、中でも**特に変わらない人は、頑固な人**です。

いつもアカデミーでいっていることですが、生まれたときはみんな素直なのです。

赤ちゃんの頃は誰でも思い通りにいかなかったら泣くし、お腹が空いたら泣くし、眠いときにも泣きます。

頑固というのは、生まれつきではなく育った環境の影響が大きいのです。

「あれがダメ」「これがダメ」という親のもとで育った人は、頑固になってしまう傾向があります。価値観があまりに強固なものになってしまったのか、もともと素直だったから身近にあった価値観をぐんぐん吸い上げてしまったのか。またはその両方かもしれません。

あなたは頑固なところはありますか？　もしそうなら、あなた自身が育った環境についてまで、掘り下げて見直していくことが大切になります。

間違った思い込みを変えなければ前には進めません。

自分はきれいではない、きれいにはならないと思い込んでいる、勝手に心にストッパーをかけている人は少なくありません。

でも、それは間違った思い込みです。

「人生は思った通りにはならないよ。だけど信じた通りになる」

と僕はよくいいます。

思った通りになると思いがちな人は多いですが、思った通りにはならないことは多いです。それはやはり、生きていく以上はいろいろ要素が絡んでくるからです。

でも、よくも悪くも、**本気で自分が信じればその通りになります。**自分を信じてあげることは、確実に自信につながるからです。

ただ、信じ方を間違えているとまたうまくいきません。

間違った信じ方の代表がこの3つです。

「自分はモテない」

「きれいになれない」

「美しくない」

特に、「美しくない」と信じてしまうのは、モデルなのか女優なのか、とにかく自分ではない誰かと比べているからに違いありません。

あなたがもし、今よりももっと「いい女」になりたいのであれば、重要なのは、根拠がなくてもいいので「自分は美しくなる！」と信じ込むことなのです。

自分を信じることから始めよう

第 4 章

「いい女」と
「残念な女」はこう違う

19 「いい女」にはギャップがある

誰だって他者から認められる、求められるということはこの上ないよろこび。「いい女」への道は、同時に幸せへの道にも続いているといえるでしょう。

ただ、ちょっと待って。いい出会いがほしい、という人にはもっとお伝えしておきたいことがあります。


「恋愛」のスタートは、サプライズと大きな関係があります。

そこで**必要となるエッセンスが「ギャップ（意外性）」**です。

このルックスなのにこういう内面なのか、という、いい意味でのギャップこそが、初対面の異性に強い印象を残す入り口になりやすいのです。

２０１５年、結婚報道が大きく取り上げられた福山雅治《ふくやままさはる》さん。その人気の秘密のひとつは、彼の持つギャップにあったと思います。

ルックスやパフォーマンスは文句なしのかっこよさで多くの女性を惹きつける。一方で、下ネタも平気で繰り出す、男性にも好感度バツグンの気さくなキャラこそが福山さんの真骨頂でした。

美人なのにスキがある天然キャラの女優さんの人気が高かったりするのも、同じくギャップ効果です。

異性として魅力的に思われるためには、**内側だけでも外側だけでもなく、両方を磨きつつ、できるだけギャップを演出していくことが大切**なのです。

前章までは、あなたの体が生まれ変わることで内側から美しくなり、人生がいい方向へとエンジンがかかり出す方法を中心にお伝えしました。

本章ではさらに心を内面から磨くにあたっての考え方、姿勢について、具体的な例をまじえつつ考えていきましょう。

初対面の相手にはギャップを演出しよう

20「いい女」になるための会話テクニック

異性と距離を縮めるのに必要となるエッセンスが「ギャップ」。これは、異性との会話においても大切な要素となります。

たとえば、合コンでの男性との会話で「彼氏はいないんですか？」と聞かれたら、あなたはどう答えますか？

合コンに参加していて「彼氏がいます」というのはどうかと思われるので、もちろん「いませんよ」というお約束の返しになる人がほとんどでしょう。そのあとは「だって彼氏がいてここに来ていたら、ヘンじゃないですか」とツッコむくらいで、会話はありがちなパターンで進んでいくはずです。

ただ、それだけでは会話が続かないですよね。

ここは、「彼氏がいないっていったら、くどいてくれますか？」くらいのことは、いってみてください。

「いませんよ」というお決まりの答えを予想していた男性は、不意を突かれて一瞬とまどうかもしれません。しかし、その後の親密さはぐっと増すに違いありません。

おまけに、「くどいてくれますか？」というフックとなる言葉を投げかけられた相手は、ほかの人と会話をしても、あなたのことが強く印象に残っているはずです。

相手の興味を喚起させる、この人ともう少し話してみたいなと相手に思わせることこそ、恋愛で次のステップに進む必須条件。その意味では先ほどの返答は、条件をクリアするのにひと役買うものといえるでしょう。

ギャップをつくる、サプライズ要素を用意する、というと、なぜか捨て身の（ように見える）行動に出る人がいます。その場はそれなりに盛り上がるでしょうが、残念ながら個人的な実りにはつながらない場合がほとんど。おすすめはしません。

しかしそれ以上に**避けたいのは、何もしないということ。**予定調和な行動は、何も生み出さないからです。

そもそも、ほかの人と差のつかない行動をしていて、何か新しいこと、それも自分が望むことが自分だけに起こると期待するのは、虫がよすぎると思いませんか？

合コンに頻繁に参加する人には、下手な鉄砲も数撃てば、もしくは、参加することで行動を起こした、と誤解している人も多いような気がします。

しかし、相手が何かをしてくれることだけを待っている人が期待通りに幸せをつかむこと、いってみれば「棚からぼたもち」的な現象は、普通はまず起こりません。

ほかの人と差をつける、自分だけの幸せを手に入れるためには、自分から行動するしかないのです。また、そうして自分から動いて手に入れた幸せはきっとあなたにとって特別なものになるはずです。

奇をてらうことなく初対面の相手に自分を印象づけるためには、会話の最初にフックをつくる、会話における切り返しを磨くこと。そして相づちを駆使しながら相手の話を上手に聞くことに徹すれば、高確率で次のステップに進むことができるはずです。

相手のあることなので、最初はうまくいかないこともあるかもしれませんが、それこそ下手な鉄砲もある程度数を撃てば、慣れてだんだん上達します。

まずは**勇気を出して、トライをしてみること。**

数を重ねて相手に興味を持ってもらえるような会話のテクニックをぜひ身につけてください。

不意うちな会話はあなたを強く印象づける

21 自分が望む人生を送れる人の特徴

今自分のいる環境に何かしら不満を持っている人、そのせいで結果を出せないと思っている人は、残念ながら環境を変えても結果を出せることはありません。なぜなら、変わったのは環境であって自分は何も変わっていないからです。

今変われない人の特徴のひとつに**「いつか変わるだろう」という依存した考え方があります。しかしその「いつか」は一生来ません。**自分の中から猛烈に「今のままではマズイ！」と思うようなよほどのことがないかぎり……。

反対に、どこにいてもその場所で結果を出せる人もいます。

仕事でいうと、それが当初自分の望んだ職種でなかったとしても、この道で世界一になるんだ！といった気持ちで常に全力でとり組んでいる人がそうです。

大事なのは、仕事で結果を出すということよりも、**そこで全力を出すという経験をすること**です。結果よりその全力を出すという経験を通して、応用の効く力を身につけることが大切なのです。

邪魔をするものもないのに自分の今いる場所で全力を出せていない人は、この先の人生においても出せることはありません。全力を出したことがないので、自分の全力がどれくらいかわからないですし、出し方もわからないのです。

仕事で全力を出せない人は、家庭に入っても恋愛をしてもうまくいかないことが多いです。

反対に、仕事で全力を出せる人は、家庭でも全力を出せる。結果はあとから必ずついてきます。

そうしたその道のプロになることができる人は、どこで何をしていても、一歩引いた目線で自分を客観的に見られるようになります。

そういう人は自然と身を引き締めているし、自分磨きもしています。自分自身をコントロールする習慣も自然と身についているのです。

目標に向かっている間は、壁にぶつかることも多々あります。それでも前向きにチャレンジし続けるために大切なのは「**歩みを止めない**」ということ。「行動をゼロにしない」というい方をすることもあります。

たとえば、自分磨きのために毎日ストレッチをすると決めたのであれば、どんなことがあってもゼロにはしない。飲んで帰ってどんなに眠たいと思っても、背伸びだけでもいいからして寝る。前屈1回でもいい、とにかくゼロにはしないようにするのです。

毎日必ず本を読むと決めて、「今日はダメだ、眠すぎる」というときも、表紙と目次だけでもパラッと見るようにする。本を手にとらなければゼロになってしまうので、とにかく持ってみて、本を読もうと決めていることを確認しましょう。

一度止めた歩みを再び始めるのには相当なエネルギーが必要になります。自転車をこぐのに一番キツイのはこぎ始めなのと同じようにです。ですから、何かを継続するためには「歩みを止めない」ということが大切なのです。

いい女は歩みを止めない

22 「一緒にいてほしい」と思わせるのはこんな女性

自分のよろこびしか考えていない人は、人から選ばれることはありません。

自分のことしか考えていない人は、幸せになれません。

なぜなら、**幸せとは「感謝すること」から生まれるからです。**

好きな人がいることに感謝する、この食事ができることに感謝する、生きていることに感謝する。

感謝するにはその対象となる何かが必要であり、自分自身はその対象にはなりえません。だから、自分のことしか考えられない人は、一生幸せにはなれないのです。

近年、自分中心にしか物事を考えられなくなっている人が増えているような気がします。

しかし、**自分中心である人と、自分のことを大切にする人とは違います。**

自分のことを大切にするのは大事です。第一、自分のことを大切にできる人でなければ、ほかの人のことを大切にできません。自分のことを大切にできる人は、自分以外の人が自分を幸せにしてくれるということを無意識的にわかっているのです。

僕は人と付き合うとき、まず**自分は相手に何をしてあげられるのか**、ということを考えるようにしています。「ギブ＆テイク」というように、ギブがまずありきなのです。テイクを前提にしているわけではないですが、ギブに対してはやはりテイクがあることが多いです。

付き合ってもうまくいかない、付き合いがうまくないという人は、テイクに固執する傾向がありますね。ギブについては無頓着で、相手に何をしてもらえるか、ということばかりを考えている。

もちろん、「都合のいい女」といわれるように、ギブばかりで利用されてしまう人もいます。尽くしてあげられるというのが自分にとって長所だと思っている人もいると思うので、その場合は対象を見極める目を持つことが重要になってきます。

でも基本的には、自分が相手に何をしてあげられるか、を初めに考えられることがやはり重要なのです。

感謝の心を持つ人が愛される

23 「いい女」であり続けるために

すべての人がそれぞれの道で、プロフェッショナルである、という意識を持って目の前のこと、自分の役割に対応することを僕はおすすめしています。

「プロ」といっても、特殊な才能を活かした専門職に従事する人だけの話ではありません。OL、専業主婦、アルバイト、学生――普段、自分は「プロ」だという意識の薄い人ほど、そうあろうとすることを意識してみてほしいのです。

たとえば、ショッピングに行ったとき、あなたはどんな店員さんから買いたいと思いますか？

会社に飛び込みで来た営業マンは、どんな人であれば話を聞いてみようか、と受け入れる気持ちになりやすいでしょうか？

目先の数字の心配ばかりしているネガティブな上司と、場の雰囲気をアゲて大きな目標クリアを目指すポジティブな上司、一緒に仕事がしたいのは？

あなたが「こちらの人のほうが」と選んだ人は、もう一方の人と比べると何が違うのでしょうか。

おそらく、**「こう在りたい」という理想像をしっかり持って動いている、プロ意識のある人たち**だと思われます。


「私のやっていることはルーティーンワークだから」と自嘲気味にいいがちな人は、一度考え直してみましょう。

日々似たことが繰り返されるように見える仕事は、気づかないうちにムダ、ムラ、それに伴うムリも生じやすかったりします。

しかし、目の前の業務の運び方を今一度見直してみましょう。

仕事が少しでも安定化して効率がよくなるように考えていると、季節により月により週により日により時間帯により、同じ仕事などないということがわかってきます。そう意識して動くようになると、あなたは職場で代わりの効かない重要な存在になっているはずです。

ピンとこない、という方は、いつも行くスーパーの何列か並ぶレジカウンターを思い浮かべてみてください。高度にマニュアル化の進んだ仕事ではありますが、店員さんによってその対応はずいぶん異なるのではないでしょうか。

機械のように無表情で手を動かしている店員さんと、1人1人に笑顔で「いらっしゃいませ」とお声がけする店員さんだったら、あなたは、どちらの店員さんのカウンターに並びたいと思いますか？

一方で、存在自体が代わりの効かないものと周囲に思われ、自身もそう自覚している人がいます。その代表といえば、「お母さん」です。

A家のお母さんとB家のお母さんは当然ですが違います。家族の状況や求められることがそれぞれの家で違うので当然ですが、おそらくお母さん本人の性格によるところも大きいです。会社とは違ってある意味自由度の高い地位でもあります。

毎日の家事という目に見える部分でいうなら、「三食昼寝付き」などと揶揄《やゆ》されるように必要最低限のことを押さえればよしとするお母さんもいれば、料理・洗濯・掃除をはじめ、家事のあらゆる面でそれこそ「プロ」をもうならせるようなお母さんもいます。

どちらがいいとか悪いとかいう話ではありませんが、あなたが「プロ」としてさらなる進化を目指すなら、まず毎日やっていることの流れを見直し、効率化や内容の刷新を図ってみるのもひとつの手です。

この家にひとりの母であり妻であることを意識すれば、効率化が図れ、今よりももっとこれをやりたい、やるべき、と思うことが見えてくるはず。

たとえば最近、年齢のせいか仕事疲れか夫がくたびれて見える、といった場合を例に考えてみましょう。

見た目だけでもパリッと感がアップするよう、これまで以上に気をつけてシャツのアイロンがけやスーツのシワをチェックする、満足感はキープしつつカロリーは抑え気味、消化のいい料理を供してみる、相手が話をしたそうであればしっかり話を聞く、といったことが意識されてくるのではないでしょうか。


一般に、お母さんに外部から大きな変化が求められるタイミングといえば、夫の単身赴任や子どもの進学などが挙げられます。しかしそういったことがなくても、プロ意識を持つと、日々新しい仕事がめじろ押し、どんな職業よりもクリエイティブな毎日が待っています。

メディアで活躍するプロ主婦といった人たちの存在や発言にプレッシャーやストレスを感じることはもちろんありませんが、その方法から我が家のためのヒントを得るのは大いにアリです。

あなたのプロ意識を駆使した「想いやり」の数々は、家族にもきっと伝わり、それぞれのモチベーションを高めることにつながるはずです。

一方、学生のプロってどういうこと？と思われるかもしれません。

学生はずっと学生でいられるわけではなく、いわばプレ社会人というポジションです。それを自覚すれば、自分のやるべきことは少なからず見えてくる＝学生のプロになれるはずです。

プレ社会人向けを謳《うた》ったセミナーも数多くありますが、それ以前に、学生生活中に興味を感じることにどんどんとり組んで多くの人と関わり、自分は何をしたいのか、その前に何ができるのか、どういう部分が求められているのか、ということを意識的に試していくことが大切です。

就職活動の面接の際にもそのように行動してきた学生の姿勢は相手に伝わります。

プロ意識を持つと、自分を客観的に見る視点も備わってくるものです。

相手に理解してもらえるよう受け答えはハキハキと、内容も明確になります。

対する面接官は面接のプロとして、書類上の経歴以上に、あなたの態度や雰囲気、つまり人間性をチェックしているのです。

このように今の自分の立場を「プロ」としてとらえることは、自分自身を客観視することにつながります。「誰にも負けない」というプロ意識を持って、行動してみてください。

「いい女」はみんなプロフェッショナル

24 予定がいっぱいの女性はモテない

異性との最初の出会いの場として有効な合コン。いい相手がいればここから次のステップに進みたい、と誰もが考えているはずなのに、真逆としか思えない行動をとっている人がいます。

それが、**スケジュールを常に予定でいっぱいにしている人**です。はっきりいってこういう人はモテません。というより、恋愛が進展するための機会をみすみす逃すような生活をしている、といったほうが正しいかもしれません。

合コンに行って出会った人と次のステップに進みそうなとき、たとえば「今度2人で食事でも」とせっかく誘われたのに、3～4週間先まで予定がいっぱいで結局約束ができない、というような人。これはもう、何のための合コンなのか、その目的を把握していないとしか思えません。

合コンの目的は、あくまでも幸せになるため、そのためのいい出会いを求めて、のはずですよね。合コンの予定を入れたら、**その週末、次の週くらい、予定はゆったりめにして次のステップに備えておくことが必要**です。

せっかく新たな出会いを得たのに、出会いを育てていく＝次のステップに進むことを想定していない人は、合コンに行くこと自体が目的になってしまっているのです。

予定を入れないと不安になる、という人がいますが、その不安はどこから来るものなのか、しっかり向き合ってみてください。合コンの予定は入れてもそこでの出会いを育めないほど忙しくしてしまう人は、次のステップに進むことを避けているのかもしれません。

確かに、進まなければ失敗もしないですし傷つくこともありませんが、その代わり永遠に成功もしませんよね。

そうした傾向のある人は、それ以外の行動も同じようなパターンになってしまっている場合があります。なんだか思ったようにうまくいかない、というときは、自分の行動と目的がちぐはぐになっていないか、一度見直してみましょう。

出会いや恋愛のチャンスなんて、そこかしこにたくさんあると思います。

ただ、**それは準備している人にしか見えません**。

偶然の出会いも、ある日突然！なんて夢のような話はありません。あったとしたら、それは準備をしていたからこその結果であり、周りから見たらそれは偶然と見えるだけのことです。

常日頃から準備している人だけが手にすることができるものを〝チャンス〟といいます。

あなたは常に準備ができていますか？

25 言葉選びが「美人」と「不美人」をつくる

いい恋愛をしたい、と思っている方に、もうひとつ大事にしていただきたいことがあります。それは、**口にする言葉の選び方**です。

もし「男運」というものがあるとしたら(実際にそういうものはないのですが)、「私は男運がない」といっている時点で、その人の男運はなくなります。**言葉にすると、その通りの現実になるのです。**

人の潜在意識は、主語を認識しません。

だから、たとえ他人のことをいっていようが自分のことをいっていようが関係なく、「男運がない」といえば、「ない」と認識される。結果的に、男運はなくなります。

たとえば、「あの人ブスよね」というと、自分の意識は「ブス」を認識するということです。「モテる」「モテない」では……もうおわかりですよね。

ちなみに僕は、「暑い」「寒い」「キツい」「ダルい」といったマイナスな言葉は一切口にしません。

挨拶で「今日は暑いですね」くらいはいいますが、「暑い暑い」とずっということはありません。いって涼しくなるならいくらでもいいますが、そんなわけはありませんし、いった時点で余計に暑さを感じやすくなってしまいます。

「キツい」といって疲れがとれないのも同じですし、いっても何も変わらないことは口にしないことが大切です。

男運がない、出会いがない、モテない……などというネガティブワードは今日から禁句です！

逆に、周りに対しても自分に対しても「きれい」としかいわなければ、そうなっていきます。たとえそのときは根拠がなかったとしても。

物事を客観的に見ることは「想いやり」にもつながりますし、身につけたいことではあるのですが、その一方で、**人生を前向きにするためにも、根拠のない自信を持つというのは、すごく大事なことなのです**。

たとえば今、「モテるでしょう?」と聞かれたら、僕は必ず「モテますよ」と答えます。実際、モテなかった僕でも、言葉にするようにしてからはモテるようになりました。昔、全然モテなかった時期は、どうやったらモテるようになるのか研究したりしていましたが、自分で「モテる」というようになったらなんでモテないんだろう?という悩みは人生からなくなりました。

これは僕だからできたのではなく、実践したからできたのです。誰でも言葉を意識して使えば、絶対に変われます。

あなたがモテないのは「モテない」といっている(思っている)から、と生徒さんにもよくいいます。

「モテない」という言葉で自分を縛って、モテない状態にどんどん近づいている、非モテを引き寄せているのです。

「モテる」といえば モテるようになる！

26 謙虚に見える自分が自分を甘やかす

前項の言葉選びについて、おそらく狐につままれた気分の方もいらっしゃると思うので、ここでももう少し詳しくお話ししますね。

これは実際に出会った人たちからの経験則ですが、「モテない。モテたい！」という人たちは、そういいながらモテないような行動をしています。たとえば、あなたの友人が「私モテないのよね〜」といっているのを聞いて、いい気持ちになるでしょうか？　決していい影響を周りに与えているとはいい難いですよね？　そんな人を周りが応援するでしょうか？

これは、ダイエットも同じで「痩せたい」といいながら痩せないことをしているのです。

実は、**「モテたい」「痩せたい」といっているうちは、自分にとっても他人にとっても他人事なので絶対に叶いません。**「〜たい」という言葉は願望レベルで、それが叶わなくてもウソにはならないのでみんな無責任になるのです。

潜在意識からしたら「あ、そう」で終わってしまいます。だから行動につながらずに、そこで終わってしまうのです。

それに対して、「モテる」というと、**人はその言葉に合った行動を意識的にも無意識にもとるようになります。**心理学でいうところの「パブリック・コミットメント」というもので、自分の意見や目標を公の場で表明することで、その発言に自己拘束力、束縛力がついてくるからです。

おまけに、「モテる」といっていると、それを聞いた人は内心「はぁ?」と思いつつも、こちらに興味を持ってくれる。そして「ああ、そういわれればこの人こういう部分がいいかも」と見直してくれたりします。結果、モテるようになるのです。

根拠がなくても自信を持つことは、自分を「盛る」こととは違います。**自分で自分を認めてあげるということは、本当に大事なことなのです。**

余談ですが、他人につくウソはまだいいです。なぜなら、誰かがそれはウソだと気づき、指摘してくれるからです。しかし、**自分にウソは絶対についてはいけません。**なぜなら、誰もそれがウソだと気づかないからです。**自分に対するウソは、どんどん自分から自信を奪っていきます。**

ここでいうウソをつかないとは、たとえば自分で「やるぞ！」と決めたことは、自分が一番よくわかっているから、できるまでトコトンやりましょう！という意味です。

以前、各分野のスペシャリストが講師として参加した「ビューティーキャンプ」というセミナーで講義をしたときのことです。その最後の質問コーナーで、参加者の方に「先生にとって〝美しい〟とは何ですか？」とたずねられました。そこで僕はいつもいっている「みんなが持っているものだよ」と答えたところ、その人は泣き出してしまったのです。

理由をたずねると、「自分は美しいといわれたこともないし、思ったこともない。だから美しくなりたいと思ってここに参加していろいろな講座を受けてみたけどやっぱりよくわからない。美しいって何ですか?」と。

そこで、「美しさはみんな持っているもの、でも自分で気づかないと誰も気づいてくれないものなんだよ」というような話をしました。それに対していわれたのが「私でも美しくなっていいんですか?」。

「そういうことをいっている時点でムリだよ」と僕は答えました。

自分のことを認めてあげられないと、決して美しくはなれません。

おそらく彼女は美しいといわれたことがないのではなくて、美しいといわれていたとしても、おそらく自分でそれをシャットアウトしていた、聞き流していたはずなのです。

男性はみんなかっこよくなれるし、女性はみんな美しくなれる。問題は、自分でそれに気づくか気づかないか、認めるか認めないか、磨くか磨かないか、それだけです。

「きれいになりたい」のであれば、まず自分が自分を美しい、美しくなれる、と認めること。そして本気で磨く努力をするということです。

きれいになれない人は、「きれいになりたいな」と思っているだけで本気で変わりたくないのです。これはダイエットも同じで「痩せたい」といっている人はそういっているだけで本気で痩せる気はないのです。

やる気がない人をやる気にさせるのはなかなか時間がかかりますし、簡単なものではありません。「ダイエットしたい」といって始めたのに本気でやらない、できない人というのは、本気で変わりたいわけではなかったということです。

そういう人に向けて僕は「変わらないのは変わりたくないだけだよ」といいます。たとえば「2カ月で5キロ痩せたら10億円あげる」といわれたら、誰だってみんな痩せられます。**できないのではなくて、やらない理由を常に探しているだけなのです。**

ラクをして痩せたい、時間がない、お金がない、忙しい……そういう人に共通するのは、「いつかどうにかなるだろう」と思っているということです。そして、自分の人生のこともどこか他人任せで周りに依存している。

でも、その「いつか」は残念ながら来ないのです。そのことに年をとってから気づくと、後悔して終わるしかなくなってしまいます。

それがいやなら、そう思った今この瞬間に「やる！」と決断するだけです。

きれいになるかならないかは
あなたが決めること

27 あなたは相手に何をしてあげられますか

ダイエットアカデミーを主宰するようになって以来、さまざまな人の恋愛相談を受けるようになりました。

あるとき、20代女性からこんな相談を受けました。

彼女は、ルックス、スタイルともに抜群、きれいな人にありがちなツンツンした感じもまったくなく、むしろ謙虚な性格。本人の悩みは、胸が大きすぎる、ということくらいでした。一般男性からしたら、何の問題もないどころか……という人です。

でも、彼女の悩みは「彼氏ができない」という不思議なものでした。

なぜこの女性は彼氏ができないと思いますか？

一番の問題は、彼女の姿勢が徹底して**「してして」になっていること**でした。話を聞いていても「幸せな結婚がしたい」「自分を幸せにしてくれる人と出会いたい」とばかりいっているのです。

あなたの望みはわかったけど、あなたは彼を幸せにしてあげられるの？　彼のために何ができるの？　という問いにはなかなか答えられませんでした。

全面的に相手に依存しすぎるのはお互いによくありません。

第一、その人が病気になったら、最悪亡くなってしまったら、あなたはどうなりますか？

「この人だったら私を幸せにしてくれる」人を探すのではなく、「この人と一緒だったらたとえ人生のどん底にいても何とかなる」と感じられる人を探すべきだと僕はいつもいっています。

第一印象などはまったく問題がないのになぜか彼氏がいない、結婚できないという人は、周りに依存しているタイプ、「私を幸せにして」という共通点があるのです。

幸せといっても、幸せが幸せの顔をしてそこにいるわけではありません。

では幸せはどこにあるか、どこから生まれるかというと、結局、**感謝からでしかありません。**

逆にいうと、**今あるもの、今一緒にいる人、今いる環境や状況に感謝して初めて幸せを感じられるのです。**

幸せにしてほしい、幸せになりたいと多くの人が思っているけれど、おいしいものを食べたから幸せになるわけじゃありません。おいしいものを食べられる今のこの状況に感謝するから幸せを感じるのです。

つまり、感謝できる相手と一緒にいないと幸せにはなれません、ということです。

恋愛、結婚相手に求める条件というのは、ルックスに収入など、いろいろあると思いますが、ルックスというのはキープできたら上出来で、加齢にともない自分も相手も当然下がるものです。

大事なのは、目に見えない部分。ありがちな言葉ですが、幸せになるためには男性も女性もやはり中身が大事なのです。

相手に幸せにしてほしいとばかり思っている人は、絶対に幸せになれません。

自分が相手を幸せにしてあげるんだ！という気持ちを持って「私はこの人のために何をしてあげられるだろう？」と考えられる幸せに気がつけば、自然と幸せになっていくものなのです。

幸せの種はあなたの中にある

28 その「前向き」は幸せを遠ざける

きれいになろうとするときも、ダイエットにとり組むときも、素直で前向きな人たちはほぼ必ず結果を出すことができます。そのほかのこと、恋愛や仕事などもうまくいく場合が多いですね。ただひとつ注意しておきたいのは、「ポジティブ」の捉え方について誤解している人が多いということです。

たとえば、打ち合わせ中にテーブルにあった水の入ったあなたのグラスを誰かが倒してしまい、あなたの洋服や物が濡れたとします。恐縮している相手を前に、「大丈夫ですよ〜」と洋服を拭いて、物は最悪、新しいものを買えばいいですからとその場をさっさと収める——。これをポジティブだと考えている人が多いのですが、それは本当のポジティブではありません。

確かに、起こってしまったことはもう仕方のないことだし、それを引きずっていても時間がもったいないだけ、というのは事実。あなたの対応は、この場の目的である打ち合わせを重視する〝大人〟な態度ではあります。

でも、本当のポジティブというのは、「水がここにあったからこぼれたんだな、じゃあ少し離れたこのあたりにおこう」というふうに、同じミスをしないように行動するということなのです。

心が広いということとポジティブであるということの違いがここにあります。いくら心が広くても、同じミスを何度もしていては前に進めません。

本当のポジティブになるためには、同じミスを繰り返さないように行動することが大切なのです。

今の例が少しわかりにくければ、恋愛や仕事でのそのほかのシーンにおき換えて考えてみてください。トラブルが起こった際、場を収めること重視の姿勢で対応していると、事後の処理能力は上がっても、また同じことが繰り返されてしまわないともかぎりません。

特に恋愛ではそうです。同じタイプの男性を相手に、同じような理由で同じような別れ方をした、という経験のある人もいるのでは？

最初から、別れることを前提に付き合い始める人はいません。その原因について、事実を直視しじっくり考えることはつらいものです。

しかし、水をこぼしても大丈夫と事をさっさと丸く収めることをポジティブと捉えるのではなく、どうすれば今度はこぼさないようにするかと考える。車で事故を起こしてしまったら、「最悪だ」と処理だけするのではなく、重要なのは、この事故から何を学ぶべきかを考えて次につなげるということです。

フラれた↓悲しくて残念で泣く↓泣いて女友達に話を聞いてもらった↓すっきりした↓気持ち切り替えた！……と、切り替えてはダメです。また同じことを繰り返してしまいます。

本当のポジティブは失敗を成功に変える力を持つことです。でもニセのポジティブは、失敗をまた繰り返してしまいます。

たくさんの恋愛をして、失敗もいっぱいしたとしても、それを次へ、次へとつなげていくことで、いい出会いにつながるのです。あなたがいい恋愛ができていないとすれば、それは前の失敗にしっかり向き合っていないからかもしれません。

フラれたのであれば、それはどうしてか？　次にまたフラれないためにはどうすればいいか？　この失恋から自分が学んだことは――？

正しく前向きな姿勢で、今度こそいい恋愛をゲットしてください。

「本当のポジティブ」は失敗から成功を呼ぶ

第 5 章

幸せをつかむために、1歩抜きん出よう

29
「いい女」は相手も自分も同時に幸せにできる

ルックスに自信のある人には酷《こく》ですが、容姿の美しさは年齢を重ねるにつれ必ず衰えていきます。これは覆《くつがえ》しようもない事実です。10代20代の頃、周囲からちやほやされてそれに甘んじていると、気づけば若い後輩にその地位がスライドしていた、などという悲劇が訪れます。

一方で、「いい女」と他者から思われる人に、年齢は関係ありません。どちらかというと、容姿の美しさのピークを過ぎた世代のほうが「いい女」は多いかもしれませんね。

つまり、**「いい女」の基本条件は、「外」だけではなく「内」の魅力を備えた人なのです。**

内面を充実させ、今このときを素敵に生きている人こそ「いい女」。以前の著書『美しい人はみな、自己管理ができている』（宝島社）でとり上げたテーマでもある「自己管理」のできている美しい人というのも、そうした人たちといえるでしょう。

もちろん、「今このときを素敵に生きている」というのは、その人自身が「面白おかしく毎日を過ごせている」状態ではありません。

その人がいると周囲も自然と幸せになったり、元気になったり、ほかの人から見て魅力的だな、「いい女」だなと思われる状態です。

では、「いい女」と他人から思われる人の「内」の魅力とは何だと思いますか？

それは、**「気配り」はもちろん「心配り」ができる人です。**

「気配り」と「心配り」、どう違うのか、それぞれ例を挙げてみます。

まず、相手がのどが渇いた状態になってから、のどが渇いたことを相手が実感してから水を出してあげるのが「気配り」。その人がのどが渇く前に、そう強く自覚しない前に察知して出してあげるというのが「心配り」です。

「心配り」は慣れないと難しいかもしれませんね。相手を観察しているだけでなく、もう1歩相手に踏み込む、観察力を駆使しないといけないですから。

ただ、「気配り」でなく「心配り」ができる人がいると、その場はとてもうまく回ります。誰もが幸せな気分になる。「心配り」をする人自身も、です。

飲み放題のお店を例に考えてみましょう。

お客さんのグラスが空いてから注文を聞くのではちょっと遅いです。その少し前、空きそうかなというタイミングで聞くのが「心配り」。そうすることで、お客さんもすごくいいサービスを受けているという気持ちになれる、満たされる。厨房の人たちもグラスの空いたお客さんに催促されて対応するときよりも、余裕を持って用意することができます。みんなが幸せになれるのです。

お客さんのグラスに同じ分量の飲み物が残っている場合であっても、飲み始めたときと飲み終わりでは飲み物をほしいと感じるペースも、気持ちも異なります。会も半ばを過ぎるとお腹も心も満たされていることが多いので、頻繁に注文を聞く必要はありません。会話が途切れたときなどに確認する程度でいいでしょう。

押さえておきたいのは、初対面の人に対するときと同じく、ファーストインプレッション。会がスタートして30分、1～2回目のお代わりくらいまでの間に、しっかり「心配り」をしておくことが大切です。

家で、会社で、学校で――**どんなシーンでも、どんな相手にも「心配り」は有効です。**

有効、というと計算している感じがして抵抗を覚える人がいるかもしれませんが、頭で考えるよりまずは行動してみましょう。

実際やってみるとわかりますが、「心配り」は自分にとって面白いものでもあります。

相手の求めることを想像してとった行動がうまくハマってよろこんでもらえるという

のは、単純にとてもうれしいものです。ある意味ゲーム感覚的な部分もあります。

いろいろ試していると、そのうち心を配る対象＝周囲の状況が見えるようになってきます。そして、この場所で求められていること、自分のとるべき行動が自然にわかってくるのです。


これはつまり、自分を客観視できるようになったということでもあります。

苦手だった相手も、その立場や状況を想像して対応することで、苦手意識が消えることもあります。

職場で「心配り」を意識して実行していると、新たなプロジェクトに心血を注いでそれを成功に導く、といった華やかな活躍をしなくても、あなたはなくてはならない人になれるはずです。


「いい女」とは、「心配り」のできる人。相手も自分も同時に幸せにできる人のことです。

普段は空気のようにわかりにくいけれど、いなくなるとはっきり不在が感じられる。

もちろん受けとり手である相手の姿勢にもよりますが、見る目のある人であれば、あなたの価値に必ず気づいてくれるはずです。

「いい女」は気配りだけでなく「心配り」もできる

30 「いい女」はしない女のNG行動とは

女性は、総じて「もっと愛されたい！」という願望が強いもの。

しかし、愛されたいという想いが強ければ強いほど、その想いとは裏腹に、ますます愛されない行動をとってしまう、悪循環にハマっていることも少なくありません。

ここでは、「いい女」ならまずすることのない、女性が愛されたくてとってしまいがちな残念な行動について見ていくことにしましょう。


たとえば、ネイルを新しくしたとき。

あなたが彼氏に気づいてもらいたいと考えるのは当然です。一番きれいな状態を見せようと、彼との約束の前にサロンを予約したのであればなおさらでしょう。

でも、期待に胸をふくらませているあなたに反し、彼はまったく気づいてくれない。いつもと同じ調子で話をしているだけです。あなたはだんだん不機嫌になっていきます。

挙句の果てに、「ネイル変えたのに、どうして気づいてくれないの！」と怒りを一方的に爆発させてしまうのです。「この無神経男！」といわんばかりのあなたの剣幕に、彼も売り言葉に買い言葉的な反応をしてしまいます。

「そんなちょっとのこと、気づくわけないだろ！」「どうしてわからないの!?　私に興味ないの？」……事態は泥沼の言い争いに発展していきます。

ここでのあなたの最大の失敗は、相手を自分の思うように反応させたい、自分がいいと思うことを認めさせたいという「強制的な承認要求」をストレートに相手にぶつけてしまったことです。

すき好んで他者にコントロールされたがる人は基本的にはいません。

特に男性は、潜在的に「自分の城を持ちたい」「自分のペースで行動したい」「主導権をにぎりたい」と考える人がほとんど。仕事の場面ではそれを隠しても、プライベートでは相手に一方的に指示をされたり、コントロールされたりするのはカンベン、という人はとても多いです。

人は誰でも「相手に気づいてほしい」「相手から認めてほしい」と思っています。ネイルをめぐるあなたの一連の行動もそこに端を発する、ごく自然なもの。あなたの気持ち自体は、彼氏だって十分わかってくれることでしょう。ただし、普通の状態であればの話です。

大切なのは、伝え方です。自分の気持ちをアウトプットする方法が間違っているのです。

この場合は残念ながら、気持ちを行動でうまく表現できずにケンカになってしまいました。

ここであなたが押さえるべきは、「相手に自分をどう愛してもらうか?」「どう自分

の気持ちに気づかせるか?」ということ。そこで、「上手に甘えて具体的に自分の願いを表現する」テクニックを紹介しておきましょう。

プライベートで親しくしている男性、彼氏や夫、パートナーに認めてほしいときは、女性ならではのアピール＝「女性の表現」を上手にとり入れてみてください。

「ちょっとネイルを変えてみたの。かわいい?」

「見て見て～。クリスマスバージョンの新しいネイルにしてみたんだけど、どう?きれいでしょ～」

笑顔で無邪気なあなた自身や、うれしそうなあなた自身を見せることが重要です。同じことでも、どう言うか?　どう見せるか?　で、全然違います。

急にケンカ腰で責められれば誰でも逃げたくなるようなことでも、「あなたに愛されたいな」という姿勢を愛らしくアピールしてくる相手であれば、受け入れてくれない男性はいません。

そもそも、女心に敏感で、女性の期待通りに反応できる男性というのは、はっきり言って希少生物。きょうだいが女性ばかりだった、恋愛経験が豊富、などという場合を除き、こうした点において男性陣は「気づけない」がデフォルトだと思って正解です。女友達と一緒にしてはいけません。

逆にいうと、「気づける」男性がモテるのはこういうワケです。

ただ、あなたが上手にアピールすれば、「気づけない」男性には、「女の子ってこんなことがうれしいんだー。かわいいな。男とはやっぱ違う」といった具合に感動すらしてもらうことができます。

ただ中には、あなたのこうしたアピールを受け止められないほど心が狭く、自己中心的な男性もいるかもしれません。いくらルックスなどほかの要素が理想的であっても、自分本位な反応が度重なるのであれば、別れるという選択肢も出てきます。もしくは、彼の心が広くなるように根気よく自分で育てていく覚悟を決めるしかありません。

ここでくれぐれも避けなければいけないのは、「自分のことを見てほしい！」「自分の変化に気づいてほしい」という考えに固執しないようにすること。

それは、エゴの押しつけになってしまいます。

ネイルに気づいてほしいと思う彼氏がいること、好きな人がいるということに感謝する心を忘れないようにしましょう。

無邪気で愛らしい自分を演出しよう

31 あなたの優しさは「エゴ」かもしれない

前項で「エゴ」という言葉を出しました。ここではそれについてもう少し触れておきたいと思います。というのも、「優しさ」を勘違いしている人が多いのでは？と感じることが少なくないからです。

これは僕の友人から聞いた話で「それって優しさとは違うのでは？」と思った出来事です。

友人が会食に行く際に携帯電話の充電が切れてしまったときのことです。友人は携帯の充電を切らしたりすることはほぼないのですが、会食中に電話に出ることはできないし、奥さんにはその日の予定と帰りが遅くなることも伝えていたので、まあいいや、と放っておいたそうです。

ところが会が終わって充電すると、奥さんからの着信が何度も入っていました。「家で何かあったのか？」と思ってすぐに折り返すと、「なんで連絡しなかったの？」とすごく怒られたそうです。

たまたまその日は充電を切らせて連絡できなかっただけなのですが、連絡が来なかったという事実が奥さんの不安を大きくしたようです。それは申し訳ないと思ったそうですが……帰ってもまだ奥さんは怒っていたそうです。

でも、その時点で奥さんの行動は優しさではないんですよね。

奥さんはもちろん意識していませんが、「心配していた自分」のアピールになってしまっているんです。本当に心配していたのであれば「旦那さんが無事だった」という事実が確認できたら、それでＯＫのはず。

なのに「どんなに心配したと思うのよ！」と怒るのは筋が違います。それは単に「**心**

配していた自分」というエゴを相手に押しつけているにすぎないのです。

この手のことは、誰しも一度は経験したことがあるのではないでしょうか。
ほかの人たちの話を聞いていても、心配、不安からのアピールを相手に対する優しさと勘違いしていることがあるような気がします。それがエスカレートすると、エゴによる押しつけ＝自己満足になってしまう場合もあります。

優しさには「自己満足の優しさ」と「相手を想う優しさ」の２種類があるのです。

彼氏や夫、子ども、友達などに対して、「あなたのために」と思い込んで「自己満足の優しさ」の押しつけをしていないか、自分の行動を見直してみてください。

反対に、相手のエゴを、優しさと勘違いしないようにすることも大切です。
恋愛講座で、どういう男性が理想ですか？と聞くと、「優しい人」という答えが多いです。しかし、優しさとはどういうものなのか、その本質を勘違いしてしまうと、相手にエゴを押しつけられて、最悪の場合、それにがんじがらめにされてしまうこともあります。

相手が何でもしてくれることが優しさではない。その逆もそうです。

付き合い始めのときは気づきにくいこともありますが、「ん？」と違和感を覚えたときに本質に立ち返って自分や相手をチェックしてみる＝客観視することが大事です。

これは幸せになるためのポイントのひとつともいえるでしょう。

幸せになるためには
優しさの「本質」を見失わないこと

32
「想いやり」のすすめ

前項では、優しさには「自己満足の優しさ」と「相手を想う優しさ」の2種類があるということを紹介しました。身につけたい〝本当の〟優しさは、もちろん相手を想う気持ち＝「想いやり」がベースにある優しさです。

「おもいやり」の漢字表記は本来、思考の「思」を使って「思いやり」ですが、僕は前述のように、想うの「想」で「想いやり」とあえて書きます。

「思」は、自分のこと。対して「想」は分解すると「相（手）の心」となるように、「想」のほうが僕が推奨したい、相手のことを想っての「おもいやり」のニュアンスが出るからです。

相手のことを想うから、「想いやり」。

「心配り」ができる、「優しさ」の本質をはき違えない、「想いやり」のある人。これらの条件を満たす人は、まさに「いい女」だと思います。

そして、**「想いやり」というのは自分にも必ず返ってきます。**その気持ちは相手に響くものだから。そして、自分も幸せになれるものなのです。

一方、「自己満足の優しさ」もそうした一面がありますが、過剰なおせっかいは「重いやり（槍）」になってしまいます。

人から何かをもらったときに困ったという経験、一度はありますよね。

たとえばダイエット中に、「ダイエットばかりすると体によくない」と食べ物をすすめてくれる人。それが健康を心配してくれているとはとても思えないジャンクなお菓子だったりすると、痩せる邪魔をしたいだけのいやがらせ？と混乱してしまうことも。

また、趣味に合わないプレゼントも困りますね。しかもそれが消耗品ではなく、しっかり残ってしまうぬいぐるみや置き物などではなおさらです。
ただ、自分の好きなものや旅行先でのお土産を贈るという行為自体に満足している人に、物が「趣味に合わない」ことを伝えるのは至難の技です。

アメリカの精神科医、エリック・バーンの言葉に、「過去と他人は変えられないが、未来と自分は変えられる」というものがあります。他人に変わってほしいと思って働きかけても相手が変わらず、ストレスを抱えてしまうくらいなら、自分の考え方をチェンジしましょう。

つまり、「うちはスペースがなくて。こういうものをいただいても、飾れなくてもったいないんです」と伝えても同じようなものを贈ってくれる人には、受けとったものを使うことではなく、受けとること自体が重要なのだと思うようにするのです。
そして、大切なのは、**自分を困らせている人を反面教師にして、ほかの人にはそのような気持ちを味わわせることは避けるということ**です。

女性がついやってしまいがちな「重いやり」の例をもうひとつ。

彼のために腕を振るって食事をつくって待っていたら、彼は仕事で疲れてあまり食欲がない。「食べるっていうからせっかく用意したのに」と文句をいってなんだか険悪なムードになってしまった、というパターン。

彼にしてみれば、「ごはん食べる？」と聞かれたときは「うん」と答えたけれど、そのあと思いがけず仕事がめちゃくちゃハードで、約束を反故《ほご》にするのは申し訳ないからとなんとか彼女の部屋に来てはみたけど、正直一刻も早く寝たい……というのが本音かもしれません。

食いしん坊なはずの彼の食が進まないのはなぜなのか。彼は今、どんな状況で、どんな気持ちなのか――。ここで必要なのが相手への「想いやり」です。

「あれ、これそんなに好きじゃなかった？」

「もしかして、なんか調子悪い？」

普段と違う様子についてひと言たずねるだけで、

「今日外回りから帰ってきたらまたいろいろあって、すごい疲れちゃって。せっかくいろいろおいしいものつくってくれたのに、ごめん」

彼からもあなたのほしい言葉が聞けるはずです。

相手を想う心＝想いやりこそが相手への最大のプレゼントなのです。

「想いやり」は相手に必ず届く

33

「いい女」は「聞き上手」

これまで「いい女」の条件と考えられる条件をいくつか挙げてきましたが、もうひとつ欠かせないのが、「コミュニケーション能力の高さ」でしょう。

とはいえ、コミュニケーション能力が高い、とひと口にいっても、そのイメージはさまざまです。

あなたは、コミュニケーション能力が高い人とはどんな人だと思いますか？

初対面でも、誰とでも自然に話ができる人？

実際、話し上手になりたいと思う人は、実に多いです。

そのニーズの高さは、うまく話をすることを謳った「話し方講座」などがたくさんあることからもうかがえます。

それに対して、「聞き方講座」というのはほとんどありません。

しかし、**「話す」と「聞く」、両方があってコミュニケーションは成立します。**どちらが大事かというのはなく、両方大事なはずなのです。

話すことは見るからに「能動的」な行為なので苦手意識を持つ人が多く、聞くことは一見「受動的」なので、みんな漠然と「自分もできる」と思っているのでしょう。

でも、実は「聞くこと」がきちんとできていない人は非常に多いです。

人との関係を深めるためには、話し方ももちろんですが、実はそれ以上に聞き方が大事だったりします。話し方の修得に時間をかけている暇があったら、もっと上手に相手の話を聞けるようになることをおすすめしたいくらいです。

「いい女」は話し上手でもありますが、実はそれ以上に「聞き上手」なのです。

ご存知の方もいらっしゃるとは思いますが、聞き上手になれる基本キーワードを紹介していきましょう。

男性の話を聞くときに駆使すると恋愛に発展しやすい言葉ということから、「**恋愛のさしすせそ**」ともいわれます。

さ……「さすが〜」
し……「知らなかった〜」
す……「すご〜い」
せ……「センスある〜」
そ……「そうなんだ〜」

不用意にこれらのワードを連発しては不自然になってしまいますが、相手の話にいつも以上に耳を傾けこれらの相づちを駆使するよう、意識してみてください。

男性にかぎらず、人はみんなそうですが、自分の話を誰かに聞いてほしいと思っています。

人の話をきちんと聞くというのは、その人を受け入れるということ。大げさなようですが、存在を全面肯定するということです。話を聞いてもらえるというのは、とても気持ちのいいことなのです。

男性は女性に比べて、外ではべらべら話せないですよね。おしゃべりは女性の特権で、一般に男性が話しすぎるのは、あまり格好のいいものではないと思われがちだからです。

ただ、基本的な欲求としては、女性も男性も話をしたい、それを誰かに聞いてもらいたいのは同じ。だから**プライベートで上手に話を聞いてあげるのは、とてもポイントが高い**のです。

男性は単純なので、「それでそれで?」と上手に話を聞いてくれる女性にすぐ惹かれます。

加えて、男性は社会的にも認められたい、尊敬されたい生き物です。

女性が〝共感されたい〟のに対し、男性は〝尊敬されたい〟と求めるものが違います。特にビジネスマンタイプの男性であれば、**「恋愛のさしすせそ」の「そ」を「尊敬する～」にすると効果てきめんです。**「そうなんだ～」と「尊敬する～」を相手によって使い分けるのもテクニックのひとつです。

また、「初めて～」は男性がもっともよろこぶセリフのひとつです。たとえば、「こんなの初めて」「初めて見た、聞いた」などです。

あまり多用しすぎると、学がない人と思われてしまうので、要所要所で使ってみてくださいね。

恋愛の「さしすせそ」で「聞き上手」になろう

34 夢を叶えた人たち

最後に、実際にこれまで紹介してきたメソッドを実践し、夢や希望を叶えてきた人たちの実体験をご紹介します。

次は、あなたの番です。

Tさん（女性・39歳）
〈出会い〉２０１５年２月28日
〈交際スタート〉３月15日
〈プロポーズ〉６月７日（Tさんの誕生日）
〈入籍〉９月１日

今年は絶対に彼氏をつくる!!と年初から意気込んでいたにもかかわらず、私は、行動できていませんでした。上野さんの講座に何度か参加して個別にアドバイスもいただいていましたが、今振り返ってみると、そのときはまだ「このままでは本当にいけない」という覚悟が足りなかったような気がします。

その後、「結婚して子どもがほしい！　今がんばらないでいつがんばるんだ!!」という思いが自分の中で強まってきて。今までと同じことをしていてはいけない。違う行動をとらなくては!!と覚悟を決め、それまでは友達と行っていた合コンやパーティーに、初めて1人で参加してみました。

1回目は、合コンパーティー。このとき自分よりかなり年下ですが、彼ができないと同じく真剣に悩んでいる女の子たちと仲良くなり、LINEグループをつくりました。

そこで違うパーティーの情報をもらって、その日は彼女たちが一緒に行けなかったので、また1人で行くことにしました。

今思えば、それがよかったのだと思います。彼女たちと一緒だったら、それまでと変わらないので。


その3回目のパーティーでカップルになったのが、今の旦那さまです。お付き合いから結婚まで、びっくりするぐらいスムーズに進んでいきました。

上野さんからは「最初がうまくいけば、Tさんはすべて兼ね備えているから大丈夫！」といっていただいていたのですが、本当にその通りになりました。

単身参加3回目のパーティーで今の素敵な旦那さまに出会えたのは、奇跡に近いんだと思います。


ただ、恋愛講座で紹介された、本当の自分を知ることや「相手に何をしてあげられるか？」とアピールすることは、とても必要だと思いました。相手に伝わるようにという意識も講座で芽生えました。

今まで私は、自分はおじさまウケはいいけれど、なかなか独身男性には選ばれない、と思っていました。しかし、今の旦那さまに出会ったときは、私が選べばいいんだ！と考えるようになっていました。

今の旦那さまは、会ったときからずっと私を褒めてくれて大事にしてくれているのがわかったので、結婚までトントン拍子に進んでいきました。誕生日にプロポーズするって予告もされていましたし……。付き合ってからは、自然の流れに身を任せていたら、自然と今の幸せを手に入れることができました。

Nさん（女性・33歳）
〈出会い〉２００５年
〈再会〉２０１４年
〈入籍〉２０１５年夏　※２０１６年春挙式予定

夫とは10年前、同じ職場の同僚として出会いました。

その後、彼が転勤となり、特に連絡をとることもなく9年が経過していましたが、職場の飲み会で久しぶりに再会したのを機に付き合うようになりました。

私はこれまで男性とお付き合いをしたことがなく、それが自分の中で引っかかっていました。合コンも行ったことがありませんでした。

考え方が少しずつ変わってきたのが、自分を本気で変えたいと思って、ダイエットアカデミーに通い出してからです。

それから上野さんの恋愛講座に参加したメンバーとは、合コンに行ったりもしました。お付き合いをするまでには至りませんでしたが、合コンでいろいろな人と話せたのは、とてもいい経験になりました。

そして、アプローチをしてくれていた彼（夫）と向き合ってみようと思えたのです。

迷っていた要因は、彼との年齢差でした。

男性と付き合ったことがなく、10歳以上年齢が上の人と結婚するのはどうかな？という気持ちがあったからです。同じくらいの年齢の人がいいかなと当時は漠然と思っていました。

恋愛講座に参加したとき、自分の結婚観や幸せについて、今まで考えたことがなかったことを具体的に、深く掘り下げて考えることができたのはよかったです。一緒に受講した仲間も、周りを気にしてばかりの私を「もっと自分の幸せを考えるといいよ」と後押ししてくれました。

それまで相談できる人はいなかったのですが、ようやく自分からいろいろなことを話せるようになりました。上野さんや友達と出会えて本当によかったなと思っています。

おわりに

幸せは、100人いたら100通りの幸せがあります。ですが、どんな幸せであっても、体と心、両方が健康でなければ成り立つことはありません。

どんなに容姿が素晴らしくても、毎日ストレスや体調不良に悩まされていては、心から幸せだとは感じられませんし、自分を認め、好きになることはできません。そして、自分が好きでない自分を他人は決して好いてはくれませんし、好いてくれたとしても、あなたは心から幸せを感じることはできないはずです。

本書では、本当の自分を知る方法、そして体と心の変え方をお伝えしました。ですが、本当のゴールは、変わったあなたが自分を好きになり、本当の幸せを感じることで成り立つのです。

自分のことが好きで、自信がつけば、何事にも前向きに、積極的に行動することができます。堂々と仕事や恋を楽しめるようになるはずです。

そして、それを支える土台である体を慈しみ、体調を整えることこそ「幸せ」への近道だと僕は思っています。

あなたは今の自分が好きですか？　自分が嫌いなままでは真剣に自分と向き合うことはできません。

でも大丈夫です。たとえ今はそうでも、向き合って初めて自分を好きになることができる、自分を認めることができるのですから。

本書が、あなたの幸せの一助になることを願っています。

２０１６年１月

ダイエットアカデミー代表　上野啓樹

ビジュアルでわかる!

―― 巻末付録 ――

いい女になるための
パーフェクトガイド

最後に、これまでお伝えしてきた
デトックススケジュールやおすすめのフルーツを
ビジュアルでわかりやすくご紹介!
また、自分の説明書や理想の自分ノート、自己採点表を
書き込み式ページでご用意しましたので、
ぜひご活用ください。

お腹がいっぱいになるまで食べてOK!

おすすめフルーツ一覧

(94～98ページ参照)

水分が多いものがBEST

スイカ　リンゴ　グレープフルーツ　ブドウ　イチゴ

水分の少ないものは水分の多いものを食べたあとに

柿

パイナップル　キウイ　サクランボ　バナナ　ライチ　ビワ

【フルーツの効能リスト】

水分の多いフルーツ	
スイカ	水分たっぷり! デトックスの王様
グレープフルーツ	そのままでも、ジュースにしても おいしい
リンゴ	クエン酸やリンゴ酸の働きで 胃腸が活発に
梨	利尿作用が高く、美肌にも◎
ブドウ	ポリフェノールとタンニンが 豊富で抗酸化力が高い
イチゴ	ビタミンCがたっぷり。 持ち運びにも便利
桃	繊維質が豊富なので 便秘解消に効果的

水分の少ないフルーツ	
パイナップル	消化を助ける酵素が豊富。 選ぶときはより熟れたものを
キウイ	便秘解消&美肌にも◎。 1日3個までに
サクランボ	葉酸を多く含み、 貧血防止にもなる
ミカン	消化の妨げになるので、 白い薄皮はとって食べよう
柿	ビタミンCとタンニンが豊富
ビワ	β-カロチンが豊富。粘膜や肌を 健やかに保つので美肌にも◎
バナナ	もっとも水分が少ない。 一番最後に食べよう

1回の食事例

（103ページ参照）

※写真は1皿分です。
実際は写真×2皿分を食べてください

スイカ1/2個、グレープフルーツ1/2個

ミカン2個、グレープフルーツ1/2個、
パイナップル1個、キウイ3個

グレープフルーツ1/2個、バナナ1本、
イチゴ1パック、リンゴ1個、柿1個

リンゴ2個、ブドウ1房、キウイ2個、
イチゴ1パック

パイナップル1個、キウイ3個、イチゴ1パック、
グレープフルーツ1/2個

リンゴ1個、柿1個、ブドウ1房、
サクランボ16個

フルーツの正しい食べ方

7つのルール

(99〜104ページ参照)

1 食べるのは胃が空っぽのときだけ

2 一緒にとっていいのはお水か炭酸水のみ

3 常温で食べる

4 加工されたフルーツは食べてはいけない

5 食後のフルーツは厳禁

6 大皿2皿分をお腹いっぱいになるまで食べる

7 旬のフルーツを食べる

フルーツデーで叶える!

デトックススケジュール (90〜93ページ参照)

1カ月目

＼フルーツデー／

3日間

朝
フルーツ

昼
フルーツ

夜
フルーツ

3日間

朝
フルーツ

昼
サラダ＋ランチ

夜
サラダ＋ディナー

2カ月目

＼フルーツデー／

1日間

朝
フルーツ

昼
フルーツ

夜
フルーツ

6日間

朝
フルーツ

昼
サラダ＋ランチ

夜
サラダ＋ディナー

3カ月目以降

毎日

朝
フルーツ

昼
サラダ＋ランチ

夜
サラダ＋ディナー

飲み会がある日は…

前日
・フルーツデー

当日
・朝と昼はフルーツを食べる

翌日
・お腹が空くまでお水のみ
・お腹が空っぽになったと感じたらフルーツを食べる

まずは自分を知ることから始めよう

「自分の説明書」の書き方

(46〜49ページ参照)

まずは何より自分自身を知るために「自分の説明書」を作ってみましょう。下記の例を参考に、現在の自分の状態を次ページに書き込んでみてください。

【名前】山田花子　【日付】2016年1月28日

書き込み例

- 身長：162.5 cm
- 体重：58.6 kg
- 体脂肪：26 %
- 今朝の体温：36.4 度
- 体の各所サイズ
  - ・バスト：86.3 cm
  - ・ウエスト：72.5 cm
  - ・ヒップ：93.2 cm
  - ・二の腕：26 cm (自由記入欄)
  - ・　：　cm (自由記入欄)
- 体調：むくみ　肌の乾燥　倦怠感
- 恋愛・結婚：料理教室に通っているので　おいしい料理を作ってあげられる

正確なサイズを計測、記入します。体脂肪のみ1週間計測し、その平均値で記入してください

スリーサイズのほかに、自分の気になる箇所を書いてもOK

むくみや肩こりなど、ちょっとしたことでも気になることはなんでも書きましょう

必要であれば恋愛についても書き入れましょう。書く内容は「自分は相手に何をしてあげられるか？」ということです（56〜57ページ参照）

【名前】＿＿＿＿＿＿＿＿＿＿【日付】＿＿＿＿年＿＿月＿＿日

身長 ： cm

体重 ： kg

体脂肪 ： %

今朝の体温 ： 度

体の各所サイズ

・バスト ： cm

・ウエスト ： cm

・ヒップ ： cm

・ ： cm
（自由記入欄）

・ ： cm
（自由記入欄）

体調 ：

恋愛・結婚 ：

理想の自分を手に入れる

「理想の自分ノート」の書き方

（63〜65ページ参照）

本文中でご紹介した「理想の自分ノート」が自分ではうまく書けないという人は、下記を参考にして自分のノートをつくってみましょう。まずは次ページのノートの項目を埋めてみてください。その後、自分の理想が見えてきたらどんどん書き加えてOK。自分だけの「理想の自分ノート」を完成させてください。

書き込み例

なりたい自分

- 体型：今よりも-5.2kg
- 仕事：インテリアコーディネーター（資格取得）
- 趣味：カフェめぐり
- お金：年収400万以上、貯金500万以上

具体的に書きましょう。現在の自分とはまったく違っていてOK！こうなりたい、と思うがままの自分を書くことが大切です

月給や年収のほか、貯金などを書き入れましょう

理想の相手

- ルックス：身長175cm以上、細すぎず太すぎずな体格
- 年齢：28～38歳（自分よりも＋10歳まで）
- 性格：ユーモアがある人。仕事には真面目で熱心
- 職業：会社員
- 趣味：旅行（一緒にいろんなところへ行きたいから）
- 収入：年収1~~0~~00万円以上 → 600万円以上
- その他：長男
  清潔感がある
  食べ方がきれい＞年収

具体的に書きましょう。理由なども書いておくとさらに◎

書き出しているうちに「違うな」と思ったら書き直してOK！また、優先事項は数字や不等号（<>）などで表しましょう

なりたい自分

体型：

仕事：

趣味：

お金：

理想の相手

ルックス：

年齢：

性格：

職業：

趣味：

収入：

その他：

いい女への第1歩

自己採点表 (66〜75ページ参照)

目標 ……月……日までに……kgになる!

目的 ……

書き込み例

12月 6 日(木)
ゴールまであと 48 日!

今日の日付&ゴールまでの日数を書きます。あと何日で目標達成するのかを常に意識しましょう

目標達成まで 5.3 kg

目標まであと何kgかを書きます。残りの日数と同じように常に意識してください

体重 60.3 kg

体温 36.5 度

体脂肪率 30 %

毎朝、決まった時間に体重計にのり計測してください。体脂肪も測れたら◎

前日の就寝時間 24:15

起床時間 7:30

前日の就寝時間を書きます。ゴールデンタイム(22〜2時)に眠れるようにしましょう

食べたもの
(以下に時間とともに記入)

・7:30
スイカ1/4個、リンゴ1玉、
パイナップル半分

・13:00
ごはんおわんに半分、
豆腐半丁、
サラダ(トマト1個)、
焼魚1尾

・20:00
リンゴ2玉、ぶどう1房、
キウイ2個、
グレープフルーツ1玉

食べた時間と食事内容を書きます。フルーツデーはもちろん、それ以外の日でもすべて記入してください

飲んだ水の量 2.0 ℓ

目標は1日2.5ℓです

入浴タイム 21:00

生理 あり・なし

便 8:10

排出の時間帯である午前中の時間をかけるとベストです

理想に近づけたこと ゴールデンタイム内に就寝できた

その日1日を振り返り、自分の理想に近づけたかを書きます。よかった点、反省点などを書きましょう

今日の点数 75 点

その日1日の点数をつけます。67ページを参考に自己採点しましょう

＊203〜205ページは、書き込み用にコピーして使ってください。

月　　　日（　　）

ゴールまであと　　　日！

目標達成まで　　　kg

体重　　　kg

体温　　　度

体脂肪率　　　%

前日の就寝時間　　：

起床時間　　：

食べたもの
（以下に時間とともに記入）

飲んだ水の量　　　ℓ

入浴タイム　　：

生理　ありナし

便　　：

理想に
近づけたこと

今日の点数　　　点

月　　　日（　　）

ゴールまであと　　　日！

目標達成まで　　　kg

体重　　　kg

体温　　　度

体脂肪率　　　%

前日の就寝時間　　：

起床時間　　：

食べたもの
（以下に時間とともに記入）

飲んだ水の量　　　ℓ

入浴タイム　　：

生理　あり・なし

便　　：

理想に
近づけたこと

今日の点数　　　点

月　　日（　　）
ゴールまであと　　日！

目標達成まで　　kg
体重　　kg
体温　　度
体脂肪率　　%
前日の就寝時間　　：
起床時間　　：
食べたもの
（以下に時間とともに記入）

飲んだ水の量　　ℓ
入浴タイム　　：
生理　あり・なし
便　　：
理想に
近づけたこと
今日の点数　　点

月　　日（　　）
ゴールまであと　　日！

目標達成まで　　kg
体重　　kg
体温　　度
体脂肪率　　%
前日の就寝時間　　：
起床時間　　：
食べたもの
（以下に時間とともに記入）

飲んだ水の量　　ℓ
入浴タイム　　：
生理　あり・なし
便　　：
理想に
近づけたこと
今日の点数　　点

月　　日（　　）

ゴールまであと　　日！

目標達成まで　　kg

体重　　kg

体温　　度

体脂肪率　　%

前日の就寝時間　　：

起床時間　　：

食べたもの
（以下に時間とともに記入）

飲んだ水の量　　ℓ

入浴タイム　　：

生理　あり・なし

便　　：

理想に
近づけたこと

今日の点数　　点

月　　日（　　）

ゴールまであと　　日！

目標達成まで　　kg

体重　　kg

体温　　度

体脂肪率　　%

前日の就寝時間　　：

起床時間　　：

食べたもの
（以下に時間とともに記入）

飲んだ水の量　　ℓ

入浴タイム　　：

生理　あり・なし

便　　：

理想に
近づけたこと

今日の点数　　点

読者のみなさまへ

特別メッセージがあります!

その1

対談動画(約15分間)

★ 著者 上野啓樹と井上古都香さん(2013ミス・ユニバース・ジャパン福岡初代代表・COCO total beauty代表)の対談動画。
本書の価値をより深くご理解いただけます。

その2

ダイエットアカデミーのメール講座

★ メールで学べるダイエット!
講座スマホでも自宅にいても、どこでも 好きなときにあなたの都合に合わせて学べる便利なメール講座です。

その3

書き下ろしPDF

★ 恋愛とダイエットの秘密と秘訣
著書には書けなかった、書かなかった恋愛とダイエットの秘密と秘訣を読者限定でここに公開します!
本書の価値をより深くご理解いただけます。

今すぐ下記のURLにアクセスし、
読者限定の3つの特典をまとめて
お受け取りくださいませ。

http://upperfieldjapan.com/coolwoman/

上野啓樹（うえの けいじゅ）

ダイエットアカデミー代表。公務員時代に生活習慣の乱れから激太りし、栄養士等の専門家に3カ月で600回以上も日参してダイエット指導を受ける。世のダイエット情報も片っ端から試し、多種のサプリメントやプロテインでも自ら人体実験を繰り返す。世の常識が嘘であることに気づき、試行錯誤の末に独自のダイエット法を確立。これが口コミで広がり、TVや雑誌等のダイエット企画を通じて2年半で50人を劇的なビフォーアフターに導く。運動なし、カロリー計算なし、リバウンドなしのプログラム卒業生は1,600人を超える。ミス・ユニバース・ジャパン福岡、長崎の管理指導者も務め、2年連続で日本一を輩出。自信を取り戻すダイエット法を世に広めるべく、2013年に「ダイエットアカデミー」を開校。著書に『一流の人はなぜそこまで、コンディションにこだわるのか？』（共著、クロスメディア・パブリッシング）、『ハイパフォーマー思考』（KKベストセラーズ）、『40歳からはカラダで差がつく！ エリートの最強コンディショニング』（マガジンハウス）、『美しい人はみな、自己管理ができている』（宝島社）などがあり、累計10万部を超えている。

装丁	小口翔平（tobufune）
編集協力	立花律子
巻末デザイン	藤 星夏
巻末静物撮影	赤石 仁
本文デザイン・DTP	藤原政則（アイ・ハブ）
表紙写真	アフロ

いい女になるための絶対条件

2016年2月10日　第1刷発行

著 者　上野啓樹
発行人　蓮見清一
発行所　株式会社 宝島社
〒102-8388　東京都千代田区一番町25番地
電話　営業 03（3234）4621
　　　編集 03（3239）2508
http://tkj.jp
振替 00170-1-170829　㈱宝島社

印刷・製本　サンケイ総合印刷株式会社

ISBN 978-4-8002-4935-7